赵书波 著

美术作品作者财产
权益保护研究

文化艺术出版社
Culture and Art Pubishing House

目录 ▎

引言

　　为"文化艺术立法"的提法，很容易被人错误地理解为"文化艺术创作活动"本身立法，即把"作品的构思、内容、体裁和手法纳入到法的规范中"；而在文化艺术法的学术研究中，"文化艺术立法"是指为"促进文学艺术创作成果产生、流转和运用等行为"立法，即把"影响作品产生、流转和利用的活动纳入到法的规范中"。文化艺术立法是围绕创作成果（即作品）而非干预创作过程。在市场经济社会，文化艺术立法是文化产业存在、规范和发展的基础，因为文化产业是以产权为基础，以市场为交易平台，以法律为规范的。

　　中外各国在法律体系中尚没有独立的《文艺法》或《艺术法》，但各国都有相当数量的法律条文以及法规、判例来规范"影响作品产生、流转和利用的活动"，为方便起见，这些法律、法规和判例被研究者称为"艺术法"。艺术法存在的价值就在于满足艺术界利益合理分配的需要，艺术法是对艺术界参与者利益的明晰与分割，是减少冲突、增进共赢的必需。美术作品作者财产权的法律制度应该属于艺术法的一部分，艺术法的理念是美术作品作者财产权益保护立法的理念前提。

一、研究缘起和目的

　　在日常表达中，提到美术作品一般都会想到某幅书画或某尊雕塑。美术作品作为物质财产自古以来就存在于我们的意识中，名家书画被称为"希代之珍"、"国之重宝"，买卖书画作品的活动也一直延续至今，很多作品"贵于金玉"①。而非物质的美术作品知识产权作为财产出现则可以追

---

　　① 张彦远：《历代名画记》，人民美术出版社 2005 年版，第 172 页。

溯到英国乔治二世（1727 年加冕）时期①，在中国则可以追溯到宣统二年（1910）《大清著作权律》的颁布。由此来看，美术作品以物质财产和非物质财产双重面貌出现至少已有几百年历史。美术作品作者财产权包括原件物权和作品知识产权两部分，保护美术作品作者财产权就是保护作者基于原件和知识产权的财产性权利。

在见诸报刊的美术界法律问题中，美术作品作者财产权利被他人侵犯是一个较为常见的问题。从整个美术作品交易过程来看，作者通常处于整个"食物链"的最下方，特别是一些不出名的作者更处于非常弱势之地位。有些美术家会通过法律途径维权，但更多的美术家及其家属则选择忍气吞声；即使通过法律途径维权的美术家，因大量的创作时间被官司挤占，得不偿失。吴冠中先生在"毛泽东肖像"一案中的遭遇就是很典型的例子。另一方面，作为文化产业发展的原动力之一的美术作品著作财产权交易制度由于交易机制的不完善，发展非常迟缓。作品知识财产权交易是文化产品产业链的开始，这是整个文化产业发展和壮大的"第一推动力"。如果缺少著作财产权的交易，文化产业的发展必然成为"无源之水"。保护作品作者财产权益的意义不仅仅是保护作者这一群体的利益，更是通过保护作者权益来带动形成整个艺术品市场和知识产权市场的良好秩序，促进交易，实现各方利益的平衡和最大化，从而借助市场的力量促进美术创作的繁荣。

美术作品作者财产权益保护一直是社会各界特别是美术界高度关注的话题。从美术家到美术家协会到政府、从新闻媒体到专业期刊到人大代表都以各种形式关心过此问题。学术界也做了较多研究，从各种角度分析交易中美术作品作者财产权被侵犯的原因以及如何建立有效的保护体系，有关部门也对保护体系建设进行了多方调查和集中研讨。但是，在对美术作品作者财产权问题的普遍关注背后却是相关基础理论研究的不足。许多人对当前美术作品作者财产权益的现状和危害有了较多的认识，但对我国这

---

① 斯克罗敦、普南、罗白孙：《版权考》。参阅周林、李明山《中国版权史研究文献》，中国方正出版社 1999 年版，第 56 页。

些问题产生的原因缺乏全面的研究，解决问题的路径也过于"宏观"，流于形式。有许多人认为只要加强立法、执法就可以解决，甚至把这个问题简单地当做技术问题，却较少从基础理论角度认识，从整体角度考虑，从总体性制度创新的角度来整体协调推进。这就导致社会各界对美术作品作者财产权益问题缺乏全面、系统的认识，甚至一些与美术作品作者财产权益有关的新闻报道被强势利益方所左右。

美术作品作者的财产权益与美术作者的自治与尊严紧密相关，是美术作品作者创作自由的保障。"中华人民共和国公民有进行科学研究、文学艺术创作和其他文化活动的自由。"《中华人民共和国宪法》第四十七条规定的"文化活动权"不应是空洞的条文，而必须加以贯彻落实。只有保护好美术作品作者的财产权益，美术家才可以拥有自己可以控制并不受他人干预的领域和范围，"从而使得个人可以拥有自己的精神世界"，"可以按照自己的意愿并不必考虑他人意愿进行自由选择，实现自己的价值"。如果没有美术作者财产权益的保护，"个人自然要受制于他人或组织，处于服从、被强制状态。在此状态下，个人不可能具有独立的人格、尊严，不可能拥有自己的价值观念和道德信仰"①。所以，美术作品作者财产权益保护不仅关系美术家的经济权益，也关系其创作自由。

美术作品作者财产权益保护问题不仅仅是一个法律问题，更是一个文艺体制问题。我国美术作品作者财产保护体系的建设不仅需要依靠感性的经验认识，而且迫切需要深入扎实的基础理论研究；不应停留在"头痛医头，脚痛医脚"的微观技术层面，更应从宏观体制层面加以探索。解决美术作品作者财产权屡遭侵害的问题不仅要有义愤填膺的慷慨陈词，更需要有适应经济全球化挑战、适应由计划经济向市场经济社会转型的具体制度的创新。因此，笔者认为，全面、深入研究美术作品作者财产权问题具有很强的理论和现实意义。

---

① 袁传旭：《个人财产权何以重要》，《书屋》2004 年第 9 期。

二、研究概念的界定

（一）美术作品作者。本文所指美术作品仅指享有著作权的美术品。所指美术作品作者仅指美术作品的个人作者。

（二）美术作品交易市场。本文中美术作品交易是美术作品原件和著作财产权买卖，不包括美术作品的馈赠、继承和租赁。本文所指美术作品交易也不包括美术作品国际之间的交易。美术作品交易市场指美术作品交易关系的总和，主要包括买方和卖方之间的关系，同时也包括由买卖关系引发出来的卖方与卖方之间的关系以及买方与买方之间的关系。

（三）艺术法。"艺术法"（Art Law）一词来源于20世纪70年代欧美艺术投资热潮中对有关艺术品投资法律问题的讨论。"艺术法"并非一部法律，而是关于艺术的多部法律规范的统称。至今为止，在英语文献中，"艺术法"尚没有一个确切的定义，但一般认为"艺术法"与艺术品的创造、发掘、销售、拍卖、流转、展览和收藏有关；而艺术法学则是对"艺术法"理论的研究。在本文中，艺术法是指艺术作品交易中的法律法规。

三、研究现状

美术作品作者财产权益保护问题的研究，从大的方面来说，是一个法律问题，但却是关乎整个美术界乃至艺术界利益的法律问题。对与美术相关的法律问题的研究，国外已有近四十年的时间，中国也已有十几年的时间。在中国这方面的研究通常被称为"艺术法"，由英语"Art Law"翻译而来。国外较早的研究性著作是1971年美国出版的《视觉美术家与法律》（*The visual Artist and the Law*）一书，这是一个名为纽约职业律师志愿者艺术联合委员会的组织主编的。当下，在美国此类著作中最有影响力的是《法律、道德与视觉艺术》（*Law，Ethics，and the Visual Arts*），① （2007年

---

① John Henry Merryman, StephenK. Urice, AlbertE. Elsen, *Law, Ethics, and the Visual Arts*, New York, Kluwer Law International, 2007.

修订版），《艺术法：投资者、收藏者、画商与艺术家指南》（*Art Law：The Guide for Collectors，Investors，Dealers，andArtists*）① （2005 年修订版），《艺术法：创作者与收藏者的权利与责任》（*Art Law：rights and liabilities of creators and collectors*）② 等。我国第一本专著《美术家著作权保护》③ 于 1992 年出版，国内翻译的第一本艺术法著作——《艺术法概要》④ 于 1995 年出版，此后是 1998 年出版的《艺术法实用手册》⑤，2008 年又出版了《艺术法基础》⑥。国内最早开设艺术法课程可以追溯到 1994 年，中央美术学院美术史系对四年级的学生进行艺术法的教育，及至 2005 年中央美术学院才开始招收艺术法方向的硕士研究生。北京大学艺术学系也在艺术管理研究生班层面对艺术法的问题有所关注。⑦ 国内众多的法律院校和其他艺术院校，艺术法的教学及研究几乎还是空白。在国外也只有著名的法学院有这个专业设置，美国等发达国家已经成立了艺术法研究的学会，澳大利亚设立了艺术法国家研究中心，而中国还没有任何研究组织。可见，与美术相关的法律问题的研究还是一个较为前卫性的领域。

从已有的研究成果来看，与美术作品作者财产权益保护相关的研究可

① Ralph E. Lerner，Judith Bresler，*Art Law：The Guidefor Collectors，Investors，Dealers，and Artists*，New York：Practising Law Institute，2005.

② Franklin Feldman，Stephen E. Weil，and Susan Duke Biederman，*Art Law：rights and liabilities of creators and collectors*，Boston，Little，Brown and Company，1986.

③ 周林：《美术家著作权保护》，北京工业大学出版社 1992 年版。

④ ［美］伦纳德·D. 杜博夫著，周林、任允正、高宏微译：《艺术法概要》，中国社会科学出版社 1995 年版，此书 32 开，共 200 页，约 17 万字，是中国社会科学出版社出版的《美国法学精选丛书》之一，是美国西方出版公司出版的法律概要系列丛书中的一本，于 1984 年初版，1992 年作者又对全书重新修订，补充了许多法律材料和案例，于 1993 年再版。重点对美术家的权利和义务、收藏者的权利和义务、艺术品的国际流转以及与博物馆管理有关的法律事务作了论述。

⑤ 周林：《艺术法实用手册》，国际文化出版公司 1998 年版，此书 16 开，共 403 页，约 47 万字。

⑥ 宋震：《艺术法基础》，文化艺术出版社 2008 年版，此书属于中央戏剧学院教材丛书，书中对影视、广播及文化遗产法律关系的论述是其特色。

⑦ 参见杜博夫为《艺术法概要》撰写的《译者前言》和《中译本前言》；张亚萌：《艺术法教育待加强》，《中国艺术报》2006 年 8 月 4 日。

以分为三类：（1）美术作品知识财产权保护方面；（2）美术作品知识财产权与原件的关系；（3）美术作品债权研究。

（一）美术作品作者知识财产权保护方面的主要观点

1. 美术作品著作权的特殊属性

周林先生的《美术家著作权保护》一书是专门论述美术作品作者著作权保护的著作，此书 1992 年出版，受到吴作人国际美术基金会的资助。书中对与美术家相关的著作权法条文进行了梳理和评述，对于美术家维护自己的著作权帮助较大，也增强了很多美术家维权的法律意识，具有开创性价值。书中引用现实中美术家身边的案例，对于美术家从创作到出版，从展览到出售都有所涵盖。此书由保护美术家著作权出发，但又不限于著作权保护，还涉及物权及债权保护等方面。

《美术作品版权的特殊问题》①是著名知识产权学者郑成思先生在 1990 年 12 月 11 日在中国美术家协会、吴作人国际美术基金会、中国版权研究会、法制日报社联合举办的"美术作品著作权保护问题座谈会"上的发言稿，刊登于 1991 年第 3 期《美术》杂志。这次座谈会对于开启美术作品著作权保护研究作用重大。郑先生对与美术作品版权相关的特殊问题进行了梳理，指出："应当说我国的著作权法对美术作品的保护，水平已经相当不低了。法律中除了对一般作品的有关规定，大都适用于美术作品（但不是全部适用，如翻译权显然不适用），还专门在第十八条、第四十六条（七）款强调了美术作品的特殊性，强调了对它的特别保护。"并指出，"有一部分美术作品的特殊版权问题，在大多数国家已经有了基本一致的答案，而我国的不少人对这些问题还并不十分清楚。这些确实需要我们在著作权法实施前认真研究，以免在细则中或在司法、管理实践中，对法律作出违背多数国家一致意见的解释。例如，肖像画、塑像、包含肖像的人体写生画等等作品的版权如何行使"等。郑先生还提出有一部分问题国际上尚在讨论，我国还没有接触，如美术作品是否必须具有一定"创作高

---

① 郑成思：《美术作品版权的特殊问题》，《美术》1991 年第 3 期。

度"才受版权保护等。另外，此文还对"追续权"在中国没有规定的问题进行了阐述。

与《美术作品版权的特殊问题》同时发表的是中国人民大学郭寿康教授《谈美术作品追续权》一文。郭寿康教授也参加了上述研讨会。追续权，按世界知识产权组织出版的《版权与邻接权词汇》中的定义，是"作者，其继承人或法律指定的组织，在保护期限内，对美术作品原件的每一次再出售中要求分享一定份额的权利。这一权利也可适用于手稿的再出售"。郭先生提出"就我国当前和最近期间的困难而论，尚难用大宗款项从国外购买美术作品。我们的绘画、书法等美术作品却随着改革、开放的发展，大量出售给国外。如我国著作权法上没有追续权的规定，即使一旦加入伯尔尼公约，对公约成员国内的我国作者创作的艺术作品，不论如何价格飞涨，也只能眼睁睁看着国外艺术商大发其财而不能得到按照该国法本可以取得的求偿，这显然对维护我国艺术作品作者的合法权益大为不利"①。此后，又有很多美术和法律方面的学者关注追续权问题，如邹国雄、丁丽瑛2004年发表于《厦门大学法律评论》的《追续权制度研究》一文。

郭玉军、陈云的《美术作品概念、成立要件及其范围的法律探讨》②，比较了生活中和法律上的美术作品概念，探讨了成立要件，指出美术作品强调独创性而非新颖性，并指出美术作品必须到达一定高度才能被认为是作品。然后，对建筑作品、摄影作品和工艺美术作品，反映了《著作权法》修订前学界的看法。郭玉军、向在胜《论美术、摄影作品著作权和肖像权的冲突与协调》③一文，对美术、摄影作品著作权和肖像权的冲突问题进行了分析，并对法国、美国、中国模式进行了分析，强调实践中订立合同的重要性。

---

① 郭寿康：《谈美术作品追续权》，《美术》1991年第3期。
② 郭玉军、陈云：《美术作品概念、成立要件及其范围的法律探讨》，《湖北美术学院学报》2000年第2期。
③ 郭玉军、向在胜：《论美术、摄影作品著作权和肖像权的冲突与协调》，《湖北美术学院学报》2003年第2期。

2. 对临摹品著作权问题的讨论

刘国林的《试论临摹美术作品的版权保护》① 和郑裕国、李小伟的《临摹美术作品是否侵犯版权》② 主要围绕中国美术界第一著作权案——1988 年范曾诉盛林虎一案进行讨论，前者认为没有侵权，而且临摹作品有其独创性，享有版权，后者认为属于侵权，认为临摹等同于复制。屈学军的《对一起临摹作品署名权纠纷案的评析》③ 和郭禾的《〈临摹品署名权纠纷评析〉的评析》④ 两篇文章主要围绕某农贸市场牌坊壁画（临摹他人蓝本）的署名权问题展开的讨论，屈文主要提出了承认临摹作品是相对于原作的派生物，临摹人可享有在其临摹品上标记其为临摹人的身份权以及他与原作人约定的发行经营权，并有权对抗第三人。郭文与屈文完全相反，认为临摹者没有著作权。同年，中国社科院郑成思教授在其《"临摹"与"复制"是否应等同？》⑤ 一文中对"临摹"与"复制"两个概念作出了区分，以常书鸿临摹的敦煌壁画为例讨论了临摹作品的著作权问题，认为对临摹品有无著作权的问题，应具体案例具体分析，不能"一刀切"。

3. 著作权集体管理制度

焦广田在 1990 年发表了《苏联著作权集体管理组织》⑥ 一文，介绍了苏联时期的著作权集体管理组织，对于同属社会主义国家的中国有一定参考价值。

周林在其博士论文《著作权集体管理及其立法研究》⑦ 中对著作权集体管理的起源和性质及面临的问题进行了深入分析，并通过德英美日等国家立法及实践经验的分析，对我国著作权集体管理制度提出了自己的建议和对策，并提出了《著作权集体管理组织条例》的建议稿。作者认为我国著作权集体管理组织应采取会员"信托＋法定授权"形式；在集体管理组

---

① 刘国林：《试论临摹美术作品的版权保护》，《政治与法律》1990 年第 6 期。
② 郑裕国、李小伟：《临摹美术作品是否侵犯版权》，《法学》1991 年第 6 期。
③ 屈学军：《对一起临摹作品署名权纠纷案的评析》，《人民司法》1996 年第 1 期。
④ 郭禾：《〈临摹品署名权纠纷评析〉的评析》，《电子知识产权》1996 年第 1 期。
⑤ 郑成思：《"临摹"与"复制"是否应等同？》，《电子知识产权》1996 年第 12 期。
⑥ 焦广田：《苏联著作权集体管理组织》，《出版工作》1990 年第 4 期。
⑦ 周林：《版权集体管理及其立法研究》，《中国社会科学院研究生院》2002 年。

织的经营方面，作者建议应采取"私办公助、公司化管理"的模式；并建议国家应当采取"鼓励竞争、强化监督"的政策。关于对我国著作权集体管理组织的管理和监督，作者提出在我国著作权集体管理制度中建立版权调解和仲裁委员会的建议。

（二）美术作品知识财产权与原件综合研究方面的主要观点

周林在《美术家著作权保护》① 问题解答第 16 点中明确提出和解答了"什么是作者的财产权"的问题。周先生提出："美术作品作为一种特殊商品进入市场，美术家主要通过两种途径获得利益：一种是出售作品，另一种是使用作品。""出售作品与使用作品涉及两种财产权。前者涉及一般财产权，体现为对作品原件（物）的支配；后者涉及著作财产权，体现为对使用作品（如复制、展览等）行为的支配。"

任苪在《美术作品著作权与原件所有权刍议》② 一文中注意到"由于美术作品的智力成果集中体现在原件上，权利与载体的联系非常紧密，因此产生了关于美术作品著作权与作品的有形物（载体）——原件的所有权的问题"。此外，此文提出了如何处理美术作品作者与原件所有者之间修改权、展览权及复制权等权利冲突问题。作者认为，最好在原件所有权转移时，通过合同的方式约定原件所有权人形式著作权中的财产权，著作权人取得相应报酬；若未用合同的方式约定，则应采取"接触权说"，即著作权人在行使著作权时享有对原件进行接触的权利，原件人不得拒绝，但以不危及原件完美性为标准。

郭玉军、向在胜的《论美术作品著作权与原件所有权》③ 一文认为"接触权"说在实践中不大可行，"从表面上看，其有利于协调双方当事人的权益，但事实上在具体操作中很容易走极端，如果其标准定得太松，就会损害原件所有人的权利，定得太紧，又会损害著作权人的权利"。认为

---

① 周林：《美术家著作权保护》，北京工业大学出版社 1992 年版。
② 任苪：《美术作品著作权与原件所有权刍议》，《科技与法律》1993 年第 4 期。
③ 郭玉军、向在胜：《论美术作品著作权与原件所有权》，《湖北美术学院学报》2001 年第 3 期。

"权利部分穷竭"说在一定程度上符合当前著作权法的发展趋势。各国著作权法在规定其保护宗旨时无不强调在以保护作者权益为核心的同时，还要平衡作品创作人、作品传播者与作品使用者的利益。"权利部分穷竭"说强调"具体问题具体协商与合作"，这种办法有利于在实践中的协调，但如果双方当事人互不配合，则任何一方的权利都不能得到保障。作者认为最好办法是在美术作品转让时双方当事人在合同中以许可使用的方式约定由原件所有人行使著作权的财产权利，与《美术作品著作权与原件所有权刍议》一文中观点相同。

唐昭红在《论美术作品著作权对美术作品原件所有权的限制》①一文中提出："由于美术作品与美术作品原件不可分离，美术作品著作权的保护成为著作权领域的特殊问题——美术作品著作权必须面对美术作品原件所有权。我国目前相关著作权理论与实践存在严重误区，由此导致美术作品原件所有人侵害美术作品著作权人利益的事件频频发生。发达国家立法例提供了如下启示：我国著作权领域应树立以著作权限制物权的规范意识，为美术作品著作权提供更为完善的保护。"

刘双舟在《谈艺术品拍卖中物权与著作权冲突的解决》②一文中认为："如果拍卖人的行为仅限于完成拍卖法规定的标的展示义务，则其行为不构成对作者著作权的侵权（但应署名）。"并认为原因有三：一是著作权是有限度的，对作品的合理使用不构成对著作权的侵权。根据我国著作权法第22条规定，"为介绍、评论某一作品或者说明某一问题，在作品中适当引用他人已经发表的作品"的行为属于合理使用。拍卖人将拍卖的作品收入拍卖图录及在网络上公开展示的行为正是为了对作品进行介绍，对作者的著作权并无妨害。二是作品的拥有者对作品享有的是"物权"，而作者的著作权属于知识产权或者"准物权"，当两项权利发生冲突时，应坚持

---

① 唐昭红：《论美术作品著作权对美术作品原件所有权的限制》，《法商研究》2003年第4期。

② 刘双舟：《谈艺术品拍卖中物权与著作权冲突的解决》，刘双舟博客，2008年7月26日（2010年1月18日），http：//shuangzhou. fyfz. cn/blog/shuangzhou/index. aspx？ blogid = 319552#937382.

物权优先的原则。三是如果将拍卖人履行法定义务的行为认定为对著作权的侵犯,那么作品"拥有者"对财产的处分权将受到侵害。

甘勇、郭玉军《论美术作品著作权之侵害的例外情形——从壁画〈赤壁之战〉被毁一案谈起》①一文以"壁画《赤壁之战》被毁案"为例探讨美术作品著作权与物权之间的关系,有两点值得关注:(1)"在著作权与所有权的行使产生冲突的情形下如何处理。因为物权法是民法对于物所作的一般规定,而著作权法是为促进社会文化的进步发展所作的特别规定,有其特别的立法目的,相较于民法物权的一般规定来说,著作权法是特别法,应该优先适用。因此著作权法构成了对所有权行使的一种限制,即有体物的所有人虽然得就物享有使用收益处分的权利,如果该物同时包括有著作权的内容,则其行使权力的行为要受到著作权法的限制,不能享有完整的权能。如果所有人逾越这一界限,就会构成对著作权的侵害。否则著作权法的目的将无法达到。因为就前述的复制行为来说,如果物的所有人可以主张所有权的行使,而排除著作权人的权利,将使著作权规定形同虚设。因此,当事人之行为纵然是行使所有权的行为,但如果确系违反著作权法的明文规定,当不得以行使所有权为由加以抗辩。"(2)"原则上,毁损作者或其他著作权人得享著作权的作品,不应该构成对著作权的侵害,已如前述,但是,在特殊的情况下,艺术作品与其载体结合在一起又为唯一的情形下,外国立法例及司法实践中有关于毁损这种艺术品应该承担侵害作者保护作品完整权的侵权责任的规定。"

(三)美术作品债权研究方面的主要观点

1. 对美术作品合同关系的研究

周林在《美术家著作权保护》一书的第41至44及第57个问题条目中以问答的形式讲述了合同在美术作品原件及版权交易中的一些基本问题和注意事项。周林还在《艺术法实用手册》一书的附录中给出了示范合同

---

① 甘勇、郭玉军:《论美术作品著作权之侵害的例外情形——从壁画〈赤壁之战〉被毁一案谈起》,《国家检察官学院学报》,2004年第4期。

模版。宋震在《艺术法基础》一书中在第三编第一章"合同"中总结了有关美术作品交易的合同法相关知识。笔者也曾根据我国画廊与美术家关系，参考 *Art Law：The Guide for Collectors，Investors，Dealers，and Artists* 一书编译了《"画廊—美术家"蜜月之前的"合"而不"同"》、《合同不是万能的——"画廊—美术家"书面合同的局限性》① 两篇文章，从正反两个方面说明合同的必要性和局限性。

2. 侵犯美术作品作者著作财产权问题

很多谈到美术作品的文章和著作都会涉及到美术作品作者享有的著作财产权问题，较有代表性的是郑成思先生《版权法》② 一书中对美术作品著作权的经典分析。此书第一编"通论"第三章"作品享有版权的认定与侵权认定"中把与美术作品著作财产权许多相关问题结合国际惯例进行了分析。要特别提及的是郭玉军、陈云撰写的《〈威尼斯收租院〉与表演者权》③ 一文，此文提出："如蔡国强一样的美术家的艺术创作会处于一种尴尬的境地了，他们的艺术创造已作为一种流派广为流传并被普遍接受，但他们的创造性智力劳动却不能得到法律的有效的保护。我们认为，要解决这一问题，比较切实的办法就是修订著作权法律丰富表演者权的内涵，把美术作品表演者的专有权利纳入法律的保护范围，这不仅是保护美术家、美术家合法权益，鼓励艺术创作的需要，而且也是完善著作权法律制度使其随着时代发展步伐而进步，从而达到止纷息争、保持社会稳定的需要。"

3. 拍卖假画的问题

吴冠中诉上海朵云轩、香港永成古玩拍卖有限公司的《毛泽东肖像》画案是到目前为止中国美术界和法律界讨论最多的个案，此案也吸引了各方面的专家、学者进行美术作品署名权问题的讨论。主要论文有：卢新华的《吴冠中诉讼案情况综述》④，吕国强的《"毛泽东肖像"画案若干法律

---

① 分别发表于岭南美术出版社主办的《画廊》杂志 2008 年第 6 期和 2009 年第 1 期。
② 郑成思：《版权法》，中国人民大学出版社 1997 年版。
③ 郭玉军、陈云：《〈威尼斯收租院〉与表演者权》，《湖北美术学院学报》1999 年第 1 期。
④ 卢新华：《吴冠中诉讼案情况综述》，《美术》1994 年第 9 期。

问题探讨》①，金勇军的《评吴冠中诉上海朵云轩、香港永成古玩拍卖有限公司侵权案》②，晨冰的《〈炮打司令部〉打出官司》③，李扬的《假冒他人姓名发表作品的侵权性问题——侵犯姓名权还是侵犯署名权》④。其中，最有代表性的是吕文和金文。吕文反映了终审法院对该案的分析、思考，探讨了以下七个问题：管辖，一案一诉和一案两诉，举证责任，侵害姓名权还是著作权，拍卖的性质，是否适用国际公约，一审、二审判决结果区别。而金文则着重探讨了该案是侵犯原告姓名权还是署名权的问题。吕文认为是侵犯了原告的署名权，而后者认为若系争作品为吴冠中所作则是侵犯署名权，若是他人所作则是侵犯姓名权。此外，还有郭玉军、陈云的《美术作品拍卖中的若干法律问题探讨》⑤；郭玉军、陈云的《制售美术赝品的法律责任》⑥ 一文等。

4. 鉴定中的专家责任

美国杜博夫曾在《艺术法概要》一书第六章通过介绍美国案例的形式对鉴定专家责任问题进行了讨论。郭玉军、李洁在《浅谈艺术鉴定家之责任》⑦ 一文中分析了鉴定的作用，并认为技术落后、行业本身混乱、职业道德低下是我国艺术品鉴定混乱的原因，还对"越权责任"、艺术鉴定家适格、诚信义务、谨慎义务、公开义务进行了分析，提出"艺术鉴定家应实现传统鉴定与科学鉴定双轨鉴定机制"、"鉴定组织应实现行业自律，促使鉴定事业的健康发展"、"拍卖行要形成一套严格的鉴定机制"、"建立一套行之有效的艺术品鉴定体系"等对策，并强调"对于艺术鉴定家的保护或是管理并没有相关的法律法规存在，随着艺术品市场的进一步发展，

---

① 吕国强：《"毛泽东肖像"画案若干法律问题探讨》，《中国法学》1996 年第 6 期。

② 金勇军：《评吴冠中诉上海朵云轩、香港永成古玩拍卖有限公司侵权案》。参阅《民商法论丛》，法律出版社 1997 年第 8 期，第 472 页。

③ 晨冰：《〈炮打司令部〉打出官司》，《南方周末》1994 年 4 月 22 日。

④ 李扬：《假冒他人姓名发表作品的侵权性问题——侵犯姓名权还是侵犯署名权》，《河南省政法管理干部学院学报》1999 年第 5 期。

⑤ 郭玉军、陈云：《美术作品拍卖中的若干法律问题探讨》，《湖北美术学院学报》1999 年第 1 期。

⑥ 郭玉军、陈云：《制售美术赝品的法律责任》，《湖北美术学院学报》1999 年第 3 期。

⑦ 郭玉军、李洁：《浅谈艺术鉴定家之责任》，《湖北美术学院学报》2004 年第 4 期。

对艺术鉴定家的规范也就提上日程"。

四、研究内容

本文是一篇艺术管理学的论文，着力于在宏观体制和微观管理角度探讨美术作品作者财产权益保护问题。本文从我国美术作品作者财产权被侵害的实际案例出发，对美术作品作者的财产权益进行研究。综合艺术学、管理学、法学等学科知识，从美术作品的特殊属性出发，整体性地研究与美术作品作者财产权益相关的法律问题，认为在美术作品交易市场中，作者享有三方面财产权益：基于美术作品原件的财产权益、基于美术作品造形的著作财产权益和基于署名权的财产权益。反观现实中美术作品作者财产纠纷案例也大体可分为美术作品原件财产权益纠纷、美术作品著作权纠纷和"冒名"造假问题三种类型。本文运用"制度的经济分析"工具进行美术作品作者财产权侵权纠纷的分析，发现美术作品作者财产权纠纷多发的原因在于美术作品作者财产权制度的无效率：在财产权初始界定方面，现行法律并没有反映美术作品作者权利人身权与财产权的混合这一重要特点，美术作品作者的保护作品完整权、作品接触权及署名权的财产权属性没有得到有效界定，在《著作权法》及《著作权法实施条例》中也都是含糊其辞，权利初始界定的含混必然导致权利边界不清，权利纠纷也就在所难免。在财产权利的交易和转让过程中，我国市场规制制度出现失灵：首先是市场发育不完善、欺诈等导致"市场失灵"；交易双方交易合同又出现"合约失灵"；由于计划向市场转型的影响，政府在治理和规制"市场失灵"时又出现了"政府失灵"；市场规制法和文化市场行政法出现有法不可依和无法可依的真空状态。在纠纷救济方面，由于救济制度成本较高，作者维权的高成本与侵权者侵权的低成本形成鲜明对比，"赢了官司输了钱"的现象突出；公安和检察机关对美术作品犯罪存在"不作为"的倾向；法院审判中对于作品鉴定问题一直处于低效率状态，没有一个固定的制度来规范指导纷争作品的鉴定，法院还在审判中对于《拍卖法》、《反不正当竞争》等法律的适用出现"合法不合理"的困境。由此，本文参考国外对美术作品作者权益保护的制度，从微观管理、组织结构、法律制度三方面提出完善我国美术作品作者权益保护的建议。

本文包含引言及结论一共六个章节。第一章从探讨美术作品法律属性切入，论述美术作品作者财产权益。第二章通过典型案例的分析，总结我国美术作品作者财产权益纠纷中的问题。第三章借助"制度的经济分析"、"市场失灵"、"政府失灵"、"合约失灵"和"法的有效性"理论，追溯我国美术作品作者财产权益保护困境出现的原因。第四章提出加强我国美术作品作者财产权益保护的对策建议，主要是明晰权利界定、行业协会与政府干预的互动以及多元纠纷解决机制的建立。

五、研究方法

本文采用的主要研究方法有：

（一）利益分析法

从利益着手，追溯各个利益主体为了实现自身利益最大化而最有可能采取的行动，找到利益等要素的交叉点、重叠点、平衡点。但法律追求的是正义，这就容易造成在执法过程中为求平衡而损害正义的情况出现，从而使一些本该保护的权利受到损害，此问题在美术作品作者财产权的保护中也很明显，故笔者在文中采用了利益分析法来分析美术作品作者财产权益保护问题。

（二）法经济学分析法

法经济学是运用有关经济学的理论、方法研究法学理论和分析各种法律现象的学说。所有法律活动都要以资源的有效配置和合理利用即效率最大化为目的，所有的法律活动基于此论断都可以用经济学的方法来分析和指导。其具体分析方法包括"成本—收益分析"、"需求—供给分析"等。

（三）个案研究法

以具有代表性的吴冠中《毛泽东肖像》案、范曾诉吴铎案、陈湘波诉娃哈哈酒店案、"三毛"漫画形象侵权案、"五羊雕塑"侵权案以及刘春华

《毛主席去安源》等诉讼案件为例，总结归纳我国美术作品作者财产权益侵权问题多发的特点，这些问题包括：拍卖冒名美术品，以临摹品冒充原作，对复制权的侵犯，商标对著作财产权的侵犯，超过"合理使用"的使用，历史遗留的美术作品作者财产权问题，委托作品财产权问题。本文在前述问题的基础上探寻对应之原因。

（四）信息经济学分析法

美术作品交易中的信息不对称问题给艺术市场带来了诸多不良影响：美术作品作者与拍卖行、画廊之间的信息不对称会导致艺术品的"柠檬市场"（次品市场）；美术作品作者与代理画廊之间的信息不对称会导致画廊的"道德风险"（隐蔽行为）；拍卖行、画廊与消费者之间的信息不对称会导致消费者对拍卖行、画廊的"信任危机"等。这些不良影响就使得美术作品交易中交易成本大量增加，甚至对正常的市场价格形成机制造成巨大冲击，使得中国艺术市场甚是混乱。本论文以信息不对称理论为基础，拟通过对美术作品交易中诸多环节的信息不对称的现状分析，从理论层面剖析其产生的原因，并分别说明给艺术品交易主体以及艺术市场价格形成机制带来的影响，最终提出缓解我国美术作品交易中信息不对称的法律对策和建议。

六、本文创新之处与不足

本文力求在以下几个方面作出探索性研究：

（一）研究角度上，在美术理论界很多人把美术家财产权益保护问题看做法律技术问题，对美术家权益保护的讨论停留在加强立法和执法的表层，忽视了此问题的整体性研究。笔者认为美术作品作者财产权益保护问题本质是我国由计划体制到市场体制转变过程中利益调整机制暂时"失灵"的一个表现，包括市场机制不健全等引起的"市场失灵"，政府在弥补"市场失灵"中引起的"政府失灵"，在自由交易中的"合约失灵"，法律体制在转型过程中"有效性"不足等。所以，缓解美术作品作者财产权益保护困境的对策，应该是以这几方面"失灵"为基础的。

（二）研究方法上，用法经济学理论分析美术作品作者财产权益保护制度的形成、变迁和创新。法经济学由于是交叉学科，从法学角度来说，可将其译为"经济分析法学"；从经济学角度来说，可将其译为"法经济学"；从其他学科的角度来说，可将其译为"法和经济学"或"法与经济学"。法经济学正因其研究方法的独特性而成为一独立的法学流派。法经济学理论的核心在于，所有法律活动，包括一切立法、司法以及整个法律制度事实上是在发挥着分配稀缺资源的作用。因此所有法律活动都要以资源的有效配置和合理利用，即效率最大化为目的，所有的法律活动基于此论断都可以用经济学的方法来分析和指导。此外，还运用信息不对称理论分析美术作品交易；运用个案分析法总结我国美术作品交易中作者财产权益保护中的问题。

（三）研究观点上，本文提出：1. 美术作品的知识产权与原件物权的关系是艺术法研究的核心议题，也是美术作品区别于其他类作品的主要特性之一。美术作品知识产权中的财产权与原件所有权不是对立的，两者的权利所有人不是零和博弈，而应是可以共同合作、相互制约的。2. 美术作品作者财产权分为静态的财产权（知识产权中的财产权、物权）和动态的财产权（债权）两大类。我国法律中对静态财产权作出了较为明确的规定，但对动态的财产权规定甚少，造成了美术作品交易中侵权行为时有发生。3. 美术作品交易中的作者财产权具有美术作品物权与知识产权中财产权重合与牵制的特点；美术作品作者署名具有财产权的属性；美术作品作者财产权具有不完整性、法定性、不确定性等特点。4. 通过已有案例的分析，认为美术作品作者财产权益保护中出现了以下困境：财产权明晰的需要与界定的高成本；交易渠道不畅与"被动侵权"；合同的需要与合同意识的淡漠；欺诈与"信用"同时泛滥；宏观调控政策的缺位与行政力量的无意介入；侵权行为加剧与法律的疲软。5. 借助"制度的经济分析"、"市场失灵"、"政府失灵"和"合约失灵"理论，追溯我国美术作品作者财产权益保护困境出现的原因。

（四）在问题对策上，根据新制度经济学制度变迁与创新原理和信息不对称原理，基于我国美术作品作者财产权益保护困境的原因，提出加强美术作品作者权益保护的建议。在法律制定中，合理界定与美术作品相关的各项权利。在组织结构上，发展非政府行业协会组织，形成行业协会自治与政府干预良性互动。行业协会特别是画廊协会对于弥补当下我国转型时期政府与市场调整美术界各方利益，也对维护正当的美术作品作者权益具有重要作用。在法律制度上，"盘活"经济法，转变政府职能，改变《反不正当竞争法》及《消费者权益保护法》、《商标法》不适用于美术作品交易的现状，充分发挥《税法》在美术作品交易中规范流转的功能。

本文涉及艺术学、法学和经济学等多个领域理论和实践，由于笔者理论素养和知识积累不够厚实，尚需提高，本文存在一些不足之处。首先，由于法经济学的分析工具掌握不够娴熟以及数据采集的困难，缺乏总体统计数据的分析。其次，由于研究条件的限制，虽对有关美术家、美协领导、美术馆、画廊进行了采访，但无法深入美术作品交易的整个过程，造成部分理论分析缺乏深度，提出的对策也无法通过实践的方式验证，有脱离实际的危险。我将在以后的学习和工作中不断加以完善，弥补本文在理论和实践上的不足。

第一章　范围：美术作品作者的财产权益

美术作品作者财产权益保护是一个涉及美术作品作者、艺术市场中介（艺术市场出现后）、收藏者及使用者切身利益的问题，因而对涵盖物质和非物质美术作品作者财产权益保护的专门研究远远早于"艺术法"出现后的研究。据史料，我们可以追溯到清光绪二十八年（1902）《创设万国同盟保护文学及美术著作条约及附件》以及光绪二十九年《版权考》一书的翻译。民国时期制定的著作权法都有对美术作品作者著作财产权的专门规定，但基本原则和条款都与宣统二年（1910）的《大清著作权律》相近，但后来的民国三十三年（1944）《修正著作权法》也出现了一些变化。①1979 年改革开放后，美术作品交易市场逐渐发展起来，与市场经济相适应的法制体制逐渐完善，特别是 1991 年《中华人民共和国著作权法》开始实施之后，有关美术作品作者权利的研究也逐渐多起来。

第一节　美术作品的含义

在我国古代文献典籍中，并没有"美术"一词，最接近的表达是"绘画"、"绘事"、"画事"、"写真"、"图绘"等。"美术"一词来源于日本，而日本则是 1871 年（日本明治四年）收到奥地利邀请日本参加 1873 年在奥地利维也纳举办的万国博览会之邀请照会后，日本政府译员将"Kunst"一词译为日语的"美术"。同时，译者对"美术"一词作出如下解释：

①　周林、李明山：《中国版权史研究文献》，中国方正出版社 1999 年版。

"美术：在西洋是指音乐、画图以及诗学等内容。"① 大众较为通用的《新华词典》对"美术"的解释是："美术，也叫造型艺术、视觉艺术。艺术门类之一。用一定的物质材料塑造可视的平面或立体空间形象，主要包括绘画、雕塑、工艺美术、建筑艺术等。"② 《中国美术大辞典》对"美术"的解释是："亦称造型艺术。欧洲在 17 世纪开始用这一名词。当时泛指含有美学情味和美的价值的活动及其产物，如绘画、雕塑、建筑艺术、文学、音乐、舞蹈等，以区别于具有实际用途之工艺美术。也有认为'美术'一词正式出现应在 18 世纪中叶。18 世纪产业革命后，技术日新月异，商业美术、工业美术、工艺性的美术品类日多，美术范围日益扩大。目前属于美术品类的，有绘画、雕塑、建筑艺术、工艺美术（包括工业、商业产品的造型、装饰等工艺，家具制作，编制艺术和装潢设计）以及陶瓷、青铜艺术等，在东方还涉及书法和篆刻艺术等。近数十年来欧美各国已不大使用'美术'一词，往往以'艺术'一词统摄之。在中国，'美术'一词系于五四运动前后由海外传入，开始普遍使用。……"③ 2002 年出版的范梦主编的《美术概论》开篇对"美术"的界定是："美术，也称造型艺术、空间艺术、视觉艺术、静态艺术。美术的根本特征是造型性，因此也叫造型艺术。""从广义上讲，美术包括绘画、雕塑、建筑艺术、工艺美术。在东方，美术还涉及书法和篆刻艺术等。"④ 2008 年高等教育出版社出版的普通高等学校公共艺术课程系列教材《艺术导论》一书对当下"美术"一词的范围做了如下的概括："美术在广义上包括建筑、工艺美术、雕塑、绘画、设计、园林、书法、篆刻、摄影等几大门类，按照功能的不

---

　　① 据陈振濂先生讲，此方面的日文原文资料，大约有如下几种：一是浦崎永锡《日本近代美术发达史》"明治篇"，日本"东京美术"1974 年初版。二是《艺术新潮》杂志社 1990 年第 10 期特辑《美术史事开始的步履》。三是佐藤道信著《日本美术的诞生——近代日本的"言语"与战略》，讲谈社 1996 年出版。参见陈振濂《"美术"语源考——"美术"译语引进史研究》，《美术研究》2003 年第 4 期；《"美术"语源考——"美术"译语引进史研究》（续）《美术研究》2004 年第 1 期。

　　② 商务印书馆辞书研究中心：《新华词典》（大字本），商务印书馆 2002 年版，第 672 页。

　　③ 邵洛羊：《中国美术大辞典》，上海辞书出版社 2002 年版，第 2 页。

　　④ 范梦：《美术概论》，中国青年出版社 2002 年版，第 3 页。

同，美术又可以分为纯美术和实用美术两大类。所谓纯美术主要是指以审美功能为主的美术，包括雕塑、绘画、书法、篆刻等。所谓实用美术，主要是指以实用为目的并与审美相结合的美术，包括建筑、工艺美术、园林等。"①

弄清美术作品的概念和成立要件是区分美术作品与非美术作品的前提，也是保护美术作品作者权利的前提。对美术作品作者权利的保护是以美术作品为依据的，只有在作者所创作作品的基础上，才会有美术作品作者权利的产生。随着美术理论和创作实践的不断发展，美术作品的概念也在不断扩大，如何在法律法规中定义美术作品是一件较为急迫的事情。

一、美术作品的概念

现行《中华人民共和国著作权法实施条例》（2002 年）（以下简称《著作权法实施条例》）第四条第八项给出了定义："美术作品，是指绘画、书法、雕塑等以线条、色彩或者其他方式构成的有审美意义的平面或者立体的造型艺术作品。"我国已加入的《保护文学和艺术作品伯尔尼公约（1971 年巴黎文本)》（以下简称《伯尔尼公约》）第 2 条第（1）款把"图画、油画、建筑、雕塑、雕刻和版画作品"归为一类，但没有明确规定美术作品的概念和范围。

《美国版权法》（2007 年 10 月修订版）在第 101 条对"视觉艺术作品"从正反两方面给出了定义，"视觉艺术作品"是指："以孤本形式存在的绘画、图画、印刷品和雕塑，或其不超过 200 件的复制件，且由创作者签名并连续编号，就一件雕塑而言，则指由创作者连续编号并负责签名或做标记的不超过 200 件的浇铸件、雕刻件、捏造件；或者仅出于展览的目的而制作的静止的摄影，或其不多于 200 件的复制件，且由作者签名并连续编号。"而被该法明确地排除出其保护范围的作品则有以下几类："（A）（1）任何海报、地图、地球仪、海图、技术图纸、图表、模型、应用艺术、动画片或其他视听作品，书籍、杂志、报纸、期刊、数据库、电

---

① 邹跃进：《艺术导论》，高等教育出版社 2008 年版，第 240—241 页。

子信息服务、电子出版物或者类似出版物；（2）所有的产品和广告性、促销性、描述性的覆盖，包装材料或容器；（3）上述（1）（2）中任何物品的任何部分；（B）雇佣作品；（C）任何不受版权保护的作品。"① 著名知识产权学者郑成思先生曾提到世界知识产权组织与联合国教科文组织在1986 年的一份文件中认为，传统使用的英文"Fine Arts"已不能确切地概括美术作品，另一个词组"Works of Visual Art"（直译为"可观赏的艺术作品"）应当引入著作权法中。②

德国《德国版权法》（《著作权及有关保护权的法律》）（2008 年 12 月修订）第 2 条第 1 款第 4 项中对"美术作品"定义为"包括建筑和实用艺术在内的美术作品及其草图"③。德国著名的著作权法学者 M. 雷炳德（Manfred Rehbinder）教授认为：从概念来讲，"此类作品在平面上或空间上通过线条与构图表达了某种可视的（美学上的）内容"④。从范围来讲，"属于这一类作品的有绘画、图画、木雕、铜版画、雕版画、雕像、各种网络、陶瓷花瓶、建筑作品等等——不管它们用何种材料制成，在法律上都具有同样的意义。不仅纸张、麻布、木材、石料、瓷器、杏仁糖果、雪与冰等无机材料，而且那些有机材料也可以作为艺术作品的载体"。

---

① A "work of visual art" is— (1) a painting, drawing, print or sculpture, existing in a single copy, in a limited edition of 200 copies or fewer that are signed and consecutively num – bered by the author, or, in the case of a sculpture, in multiple cast, carved, or fabricated sculptures of 200 or fewer that are consecutively numbered by the author and bear the signature or other identifying mark of the author; or (2) a still photographic image produced for exhibition purposes only, existing in a single copy that is signed by the author, or in a limited edition of 200 copies or fewer that are signed and consecutively numbered by the author. A work of visual art does not include — (A) (i) any poster, map, globe, chart, technical drawing, diagram, model, applied art, motion picture or other audiovisual work, book, magazine, newspaper, periodical, data base, electronic information service, electronic publication, or similar publication; (ii) any merchandising item or advertising, promotional, descriptive, covering, or packaging material or container; (iii) any portion or part of any item described in clause (i) or (ii); (B) any work made for hire; or (C) any work not subject to copyright protection under this title.

② 郑成思：《版权法》，中国人民大学出版社 1997 年版，第 100 页。

③ Werke der bildenden Künste einschließlich der Werke der Baukunst und der angewandten Kunst und Entwürfe solcher Werke.

④ ［德］M. 雷炳德著，张恩民译：《著作权法》，法律出版社 2004 年版。

《日本著作权法》（2009 年 6 月修订版）第二条第二十三项之二规定美术作品包括工艺美术作品。① 第十条第四项以举例的形式表达了美术作品的范围，即"绘画、版画、雕刻及其他美术作品"。

综合各国法律及国际公约关于"美术作品"或"视觉艺术作品"的定义来看，"美术作品"（视觉艺术作品）的概念很多国家没有明确给出定义，而是通过列举的方式加以说明；从已给出的定义和列举的指向来看，有几点共识：1. 强调原创性，而不是新颖性；2. 强调作者手工制作或作者掌控的有限复制，而非大批量的机械或计算机复制；3. 大多数认为与艺术质量无关；4. 通过线条与构图表达了某种可视的（美学上的）内容。

对"美术作品"范围基本一致，都包括"绘画、书法、雕塑"，但也存在一些差异，主要体现在建筑和工艺美术作品是否属于美术作品上。通过上述各国著作权法对美术作品或视觉艺术作品的规定可知，我国"美术作品"的范围是较为狭义的，主要就是指"绘画、书法、雕塑"三类。在我国"美术作品"的法律含义可以归纳为：具有独创性并能以某种有形形式复制的以线条、色彩或者其他方式构成的有审美意义的平面或者立体的绘画、书法、雕塑等。

由于我国《著作权法》第三条列举作品所包括的范围时，在第（四）项中明确把"建筑"与"美术"并列，并在第（五）项中把"摄影"单列，从此条款的意思来看，"建筑"、"摄影"不属于美术作品，但同属于作品。那么，在我国著作权法中"美术作品"是否包括"工艺美术"？我国《著作权法》第六条只是规定"民间文学艺术作品的著作权保护办法由国务院另行规定"，所以，工艺美术尤其是民间工艺美术作品属不属于美术作品是一个值得探讨的问题。此外，美术作品的"临摹品"属不属于美术作品？"滑稽模仿"产生的模仿品属不属于美术作品？这几个问题其实又涉及美术作品的成立要件和外延。

---

① この法律にいう「美術の著作物」には、美術工芸品を含むものとする。

二、美术作品的外延

关于美术作品的概念，各个国家由于对美术作品成立的要件理解存在着较大差异，特别是在美术作品所涵盖的范围方面更有严重分歧，导致其概念有所不同。[1] 1991 年制定实施的《著作权法实施条例》第四条第七款对美术作品定义如下："美术作品，指绘画、书法、雕塑、建筑等以线条、色彩或者其他方式构成的有审美意义的平面或者立体的造型艺术作品。"建筑被鲜明地包括在美术作品之中，而对实用艺术品没有明确列入美术作品行列，而是在《著作权法实施条例》第六条规定"民间文学艺术作品的著作权保护办法由国务院另行规定"。但很多知识产权研究专家提出"实用美术"属于"美术"，因为第四条第七款对美术作品解释时，列举了"绘画、书法、雕塑、建筑"之后用了"等"字予以概括，给法律实施留下了很多可解释的空间。于是，郑成思先生认为"在著作权法实施条例中，暗示实用艺术品享有版权"[2]。刘春田先生认为"我国著作权法所称美术作品，应当包括实用美术作品"[3]。综上所述，美术作品在 1991 年至 2001 年《著作权法》修正前，应该是包括绘画、书法、雕塑、建筑及实用美术作品。

著作权法修改之后，现行《著作权法》第三条规定："本法所称的作品，包括以下列形式创作的文学、艺术和自然科学、社会科学、工程技术等作品……（四）美术、建筑作品；（五）摄影作品……"在《著作权法实施条例》第四条中，又分别对美术、建筑和摄影作品作出了解释："美术作品，是指绘画、书法、雕塑等以线条、色彩或者其他方式构成的有审美意义的平面或者立体的造型艺术作品"；"建筑作品，是指以建筑物或者构筑物形式表现的有审美意义的作品"；"摄影作品，是指借助器械在感光

---

① 参见郭玉军、陈云撰写的《美术作品概念、成立要件及其范围的法律探讨》，此文是我国《著作权法》修改前撰写的，修改后的《著作权法》对"美术作品"的概念有较大改动。

② 郑成思：《版权法》，中国人民大学出版社 1997 年版，第 106 页、107 页、131 页、132 页。

③ 刘春田：《知识产权法教程》，中国人民大学出版社 1995 年版，第 44 页。

材料或者其他介质上记录客观物体形象的艺术作品"。可见，我国著作权法中有意识地将美术作品与建筑作品、摄影作品区分开来，也就是说美术作品不包括建筑作品和摄影作品。

（一）民间工艺美术品属不属于美术作品

民间工艺美术作品之所以成为著作权法上的难题，最重要的原因之一是传统社区将本社区的集体身份与此类作品联系起来，强调民间文学艺术作品的集体性，谋求不同于普通作品的特殊保护。那么，是否民间文艺作品是"集体创作"呢？视觉作品也一般是最初由一位或几位个体作者创作，然后以纹样和口头流传（通常是师徒传承）。民间工艺美术的传承人还会因应社会公众的需求，对作品进行选择性的修改，从而使得作品进一步反映出社会集体的审美需求。民间文艺从产生到传承发展都是具体的个别的个体不断创造的结果，只是大部分人已不知道姓名，但并非所有了解或使用这些民间文艺作品的人都参与了创造。所以，民间文艺作品的"集体创作"是不同时期个体的集体创作，而不是某个时期内"集体"的创作。

虽然民间工艺作品并非某时期人的"集体创作"，但却是此时期的人"集体共享"的，虽然这个时期的长短是不确定的。民间文艺作品在某个时期内也像专业作家创作的文艺作品一样，所承载的信息是固定的。

通过上一节对美术作品要件的分析可知，著作权法意义上的作品不是"有形的"实物，而应该是一种通过智力劳动得到的独创性的信息，这种信息能被有形形式复制。这种"信息"本身是无形的。民间工艺作品都属于能被有形形式复制的信息。"独立创作"就是不抄袭别人的，其实它是一个"相对性"的概念，由于人的知识结构、思维方式受到所处群体的影响极大，越相近的人群共同的知识也就越多，相对的"独立创作"的智力成果也就越少。所谓"创造性"，是说作者创造了原来没有的东西。何谓"没有"，这也是一个"相对性"的概念。[①]

---

① 参见赵书波：《对设立民间文艺著作权集体管理组织的思考》，2009 年 1 月 18 日（2007 年 12 月 21 日），http：//yishufa. fyfz. cn/blog/yishufa/index. aspx? blogid = 294867。

笔者认为，民间工艺美术作品满足"独立创作"和"创造性"这两个条件。因为民间文艺作品特别是其代表作，都是"具有鲜明的地方特色"的，展现了"中华民族文化创造力"。一件民间文艺作品对于不拥有它的人群来讲，最开始它是具有创造性的，但随着这件民间文艺作品的传播和扩散，有些地方的人群又在自己知识和习惯的基础上，进行了加工和改造，加入了自己"创造性"的东西。在普通的知识产权中，独创性往往又与时间有着密切的关系，它总是随着时间的推移呈现出价值不断变小的趋势；而对于民间文艺作品，这个趋势正好相反，因为民间文艺作品在其传承过程中都在不断地改进和完善，其内涵在逐渐地丰富，因此其总体价值呈现出不断变大的趋势。但总体来讲，无论它扩散和传播的人群有多广，无论其创造性的成分有多大，一件民间文艺作品确实是"创造性"的"独立创作"，属于著作权法保护的范围。下文列举的"《孔雀舞》剪纸案"也说明了这一点。

公享性是保证民间文艺正常传播以及传承、发展的必需条件，那么，要对民间文艺进行著作权保护是否会影响到民间文艺的公享呢？

1. 从著作权法立法的直接目的来看，它是帮助著作权人获得利益的。首先考虑的是作者或其他著作权人的利益，但著作权法最终目的是为了公共利益。因为没有作者创作作品和作品的传播，公众利用作品的社会利益将无从谈起。因而没有对著作权人的私人权利进行很好的保护也就不能刺激著作权人创作出更多更好的作品。

2. 著作权法保护的作者权利主要包括两类：人身权和财产权。人身权对于民间文艺作品的作者来讲，主要是署名权；财产权主要是复制权、展览权、表演权、广播权、信息网络传播权等。也就是说，除著作权人外的其他公众要使用（合理使用和法定使用除外）其作品，要办两件事即可：表明作者身份，支付合理的使用费，也就是"名""利"。

（二）美术作品的临摹品属不属于美术作品

在讨论一件美术品属不属于作品时，通常会碰到一个棘手的问题，即临摹作品属不属于作品？临摹者是否具有版权？

临摹的传统由来已久，谢赫的六法论更是把"传移摹写"作为六法之一。学中国画传统上从临摹入手，学书法就更离不开临摹。甚至在临摹某些美术作品时，很多临摹者为了整体上把握、学习原作品作者的审美趣味和经营位置，喜欢把原作品中作者的署名一并临摹下来。这就产生了一个较有中国特色的法律问题。美术作品的临摹可分为平面到平面的临摹和平面到立体或立体到平面的临摹。而平面到平面的临摹又可分为"打格放大"式的"复制性"临摹和"意临"两种。

　　有的学者认为，"复制性"原样临摹的临摹品不具有独创性，不是作品。[①] 但笔者认为，这是不准确的。随着现代主义和后现代艺术的发展，传统意义上的"独创性"受到挑战，因而"作品"的外延也在不断扩展。作品"意义"上的"独创性"越来越受到重视，对"形式"上的"独创性"要求越来越低。"打格放大"原样临摹得到的临摹品可能因为临摹者赋予了此临摹品与原临摹对象不同的意义，具有创造性，而成为新的作品。但前提是临摹品被临摹者赋予了不同的含义，且被临摹作品是新作品的一小部分，不是主体。

　　所谓"意临"指临摹者抛弃其他测量工具，只是通过眼睛观察而进行的临摹，也就是对照某美术作品原件的"写生"。此幅美术作品原件上可能体现了"十分"独创性，临摹者在其上增加了"一分"，构成了一件具有"十一分"独创性的作品。属于临摹者可享有版权的，仅仅是那"第十一分"，而不是全部"十一分"。[②] 临摹者对他的临摹品是享有署名权的，但却又不能侵犯原作品的版权。

　　关于临摹他人绘画作品以为雕塑，或临摹他人雕塑作品以为绘画的，我国现行《著作权法》中没有规定。而1910年颁布的《大清著作权律》第三十九条第（三）项规定："仿他人图画以为雕刻模型，或仿他人雕刻

---

　　① 郑成思：《临摹、独创性与版权保护》，《法学研究》，1996年第3期；江滢：《临摹品的著作权问题探析》，《知识产权》2004年第4期。

　　② 郑成思：《"临摹"与"复制"是否应等同?》，《电子知识产权》1996年第12期。

模型以为图画者""不以假冒论，但须注明原著作之出处。"① 笔者认为，这是有非常重要的参考价值的。"仿他人图画以为雕刻模型，或仿他人雕刻模型以为图画"也都体现了临摹者的创造性，临摹所得应该是作品，享有自己的著作权，但前提是尊重原作者的权利，须注明原作品的出处和作者。

随着现代主义及后现代主义的发展，艺术界的"挪用"、"拼贴"等创作方式已不是什么新闻。很多雕塑家和环艺设计师在创作中经常会遇到一个棘手的问题，那就是把一幅照片或画作从二维平面复制成为三维立体的雕塑或景观是否侵权？我国《著作权法》没有对此作出明确规定，但1992年我国加入了《伯尔尼公约》，2001年我国加入了世界贸易组织，所以在研究我国著作权法保护的"复制"的范围时，就必须考虑上述两个国际公约的规定。《保护文学艺术作品伯尔尼公约》（1971年7月24日巴黎文本）第九条规定："（一）受本公约保护的文学艺术作品的作者，享有授权他人以任何方式或形式复制其作品的专有权。（二）本联盟各成员国可自行在立法中准许在某些特殊情况下复制有关作品，只要这种复制与作品的正常利用不相冲突，也不致不合理地损害作者的合法利益。（三）为实施本公约，任何录音或录像均被视为复制。"《与贸易有关的知识产权协议》（Agreement on Trade – Related Aspects of Intellectual Property Rights）协议第九条之一规定："全体成员均应遵守伯尔尼公约1971年文本第一条至第二十一条及公约附录。但对于伯尔尼公约第六条之二规定的权利或对于从该条引申的权利，成员应依本协议而免除权利或义务。"可见，上述两条公约已明确规定，从平面到立体的非法复制属于侵权。

（三）"滑稽模仿"的美术品属不属于美术作品

众所周知，早在1917年，达达主义及超现实主义的代表人物之一的杜尚（Marcel Duchamp，1887—1968）就将一个从商店买来的男用小便池

---

① 《大清著作权律》。参阅周林、李明山《中国版权史研究文献》，中国方正出版社1999年版，第92页。

起名为《泉》，作为艺术品展出，成为现代艺术史上里程碑式的事件。从法律的角度来看，这个"小便池"是没有著作权的，若在今天复制或挪用一件有著作权的作品，那在法律上就可能不是"美术作品"，且有引发一场侵犯著作权官司的风险了。

"滑稽模仿"，在我国又通称为恶搞、戏仿等。当下中国流行的"山寨文化"实质就是一种以调侃、戏仿、戏谑主流文化为表现形式的滑稽模仿。滑稽模仿作品的创作，一般是对原作的讽刺和批评、颠覆，从而产生不协调的效果，或者是通过对原作的扭曲以达到对某种社会现象的批评。"滑稽模仿"的特征之一是强调不直接指明模仿对象，但是却通过与原作的若干联系使得读者或观众想到原作，从而产生不协调性，引发读者或观众发笑和思考。在美国的罗杰斯诉孔斯一案[1]审理中，孔斯就曾提出自己的《一群小狗》只是对照片《小狗》"滑稽模仿"的"合理使用"（fair use）。

除美国认可"滑稽模仿"外，《西班牙知识产权法》[2] 第 39 条规定："对一部已发表作品进行模仿性滑稽表演不应当被视为那种需作者同意才能进行的改编，但其先决条件为，该表演没有与原作混淆之危险，而且无损于原作及其作者。"《法国知识产权法典》第 L. 122—5 条第 4 款的规定很明确，作品一旦发表，作者不得禁止合乎其他有关规定的滑稽模仿、仿效和夸张模仿。而下面的几种模仿可能构成侵权：模仿没有幽默的意图；模仿引发笑声的意图损害美术家的人格或声誉；模仿者引起公众的混乱或有盗用原作的意图。[3]

从 1910 年颁布《大清著作权律》到现行《著作权法》（2010 修订），我国均没有对"滑稽模仿"在法律上予以明确定位。影视作品《无极》与胡戈《一个馒头引发的血案》之间的"血案"实质就是一个"滑稽模仿"创作中"复制"是否侵权的问题。此案虽不了了之，但将我国在这方面的立法缺陷暴露无遗。从学术界的观点来看，支持"滑稽模仿"合法的

---

① 此案审判书见 *ROGERS v. KOONS*，960 F. 2d 301（2nd Cir. 1992），http：//www. ncac. org/art－law/op－rog. cfm。

② http：//www. iolaw. org. cn/showarticle. asp？id＝65。

③ 《法国知识产权法典》，黄晖译，商务印书馆 1999 年版。

观点占了多数。

第二节　美术作品的属性

一、美术作品原件是作品的核心价值

（一）美术作品原件提供最真实的视觉审美

从美术作品的含义可知，美术作品的本质属性在于其视觉性，视觉性是美术作品区别于其他作品的基本属性所在。从满足人类生活需要来看，美术作品的最大作用在于满足人类视觉审美需要。美术作品原件是作者创作时留下的最真切的痕迹，所以美术作品原件提供了最真实的视觉审美。

（二）美术作品原件的唯一性使其具有稀缺性

一方面，由于美术作品原件具有满足人类视觉需求的有用性，人类创作的美术作品总是有限的，精品更是少之又少。另一方面，由于美术作品具有价值，能提高人类当前和将来的福利，相对于人们日益增长的需求，美术作品无论有多少，总是稀缺的。众人的需求就使唯一的一件美术作品原作产生了稀缺性。

（三）美术作品原件价值与其历史和复制量成正比

由于很多美术作品的制作材料不容易保存，更加之"天灾人祸"，很多美术作品随着时间的推移逐渐灭失；而流传下来的美术作品又由于不断地被不同的收藏家收藏，故在原作品作者情感印迹之上又添附了藏家的很多故事。

作为视觉艺术作品的美术作品，其传播与其他作品不同，由于复制的有限性，任何精致的复制也不可能完全复制出一件作品原件的所有信息，所以美术作品的价值主要集中于原件。美术作品的价格是不能用原件材料成本计算的，作者的社会认可度决定美术作品原件的价格。若作者有很高

的社会认可度，即使应酬之作亦是价格颇高。一个美术家的认可度与学术地位、社会地位、品德修养等有重要关系，但一幅作品的知名度与其复制印刷量有着直接关系，最鲜明的例子就是《毛主席去安源》一画。《毛主席去安源》印刷量高达9亿多张，按照当时中国8亿人口推算相当于人手一份。一时间《毛主席去安源》家喻户晓，这是造就此画在后来的拍卖中拍出六百多万元天价，保持了近十年油画拍卖的最高纪录的主要原因。

二、美术作品复制品可满足视觉审美需要

美术作品原件的价值是显而易见的，通过美术作品原件，人们可以最真切地欣赏到此美术作品。但美术作品也同样因其可复制性能被印刷、复印、拓印、录音、录像、翻录、翻拍等，形成的复制品也可以起到传播审美的作用，能满足人们的审美需要。

在古代，临摹是学习的必由途径，"六法"中的"传移模写"亦包含临摹先辈精品之含义。随着文人画的兴起，绘画成为风雅之事，社会需求激增，临摹品具有了缓解供需矛盾、作伪牟利等多重功能。

在当代，美术作品特别是知名度高的作品为很多人所喜爱，但动辄几千万元，一般大众无法承受，且只有一件原作，为解决这一矛盾，美术作品的复制成为必然。复制作品特别是高仿作品精度很高，立体扫描的油画复制品甚至可以把其原作的笔触呈现出来。

随着机械复制技术的发展，高仿美术作品的精度不断提高。按照真迹的原尺寸、原色进行复制，从纸张的选用到颜色的调配，都力求和原作保持一致的高仿技术已逐渐被国内的印刷公司掌握，如雅昌文化（集团）有限公司。书画复制品在专业领域可用于图书馆、档案馆、纪念馆、博物馆、美术馆等为陈列或者保存版本的需要，复制本馆收藏作品，以及美术画家、艺术院校学生、艺术机构研究和教学需要；而非专业领域则可复制著名美术作品用于星级宾馆、饭店、会所、家庭等。

三、署名影响美术作品的价值

美术作品属于精神产品，不像一般产品一样可以根据某个质量标准进

行质量管理；由于思想意识的多元化，价值标准也是各式各样，无法统一，这就使得美术作品的价值出现了多元的评判标准。在这些标准中一个公认的参考标准就是作者身份，包括其籍贯、学历、工作单位、学术地位、社会地位等，而在作品中体现这一要素的就是署名。我国《著作权法》第十五条也规定"如无相反证明，在作品上署名的公民、法人或者其他组织为作者"。弄清了美术作品署名权的种种关系，也就确定了作品著作权的归属，进而为确定此作品的其他权利提供了基础和依据。

与"名家效应"相对应的，则是冒名造假带来的超额利润。不同的署名，不同的市场价格。美术作品作伪者一般会选择名家作品加以仿造，"无中生有"、"款识替换"、"内容删减"、"画面拼凑"与"改变幅形与制式"等手法已是造假者常用手法。

第三节 美术作品作者财产权益

通过上一节的分析可知，"美术作品"之所以成为"美术作品"，而不是"美术品"或其他，就因为美术作品首先是作品。而"作品"是什么？根据著作权法相关规定，作品是智力成果。智力成果也就是知识产品。那么，美术创作活动产生的知识产品是什么呢？从最直观的角度来看，首先是可以看到的具有造型、占据一定空间的物，也就是原作。此外，根据法律特别是知识产权法相关规定，作者还就"具有独创性"的造形享有知识产权。所以，基于一件美术作品形成了两类民事法律关系客体，即物和知识产品（也称智力成果）。[①]

财产是构建财产权体系的始点范畴。财产（property）这个概念长期

---

① 关于民事法律关系客体范围，中外学者观点各异，归纳起来大体如下：1. 民事法律关系的客体是物；2. 民事法律关系的客体是物和行为；3. 民事法律关系的客体是体现一定物质利益的行为；4. 民事法律关系的客体是物、行为、智力成果和与人身不可分离的非物质利益。详见王利明等著《民法新论》（上），中国政法大学出版社1986年版，第116、117页。本文认为第四种观点较为符合中国的实际，马俊驹先生在其《民法原论》中也认为民事权利的客体主要有物、行为、知识产品（也称智力成果）和人身利益四类。

以来浑沌地包含着两个方面的含义："1. 对象意义上的财产——遵照中文习惯可表述为财产体，包括一切能带来或转换出经济价值的人们的处分对象，它作为权利载体单独存在，其承载着各种权利，包括有体的实物和无体的权利，前者为客观自然，后者为人化自然，但都是人们认识和处分的对象，而不同于作为主观世界的人们的处分本身；2. 权利意义上的财产——遵照中文习惯可表述为财产权，包括一切对前者进行处分的权能，其中未加说明时指的是所有权。"[①] 本文所论述之"财产"取第二含义，即财产是指一切对财产体进行处分的权能。任何一件具有知识产权的作品都是双重财产，即知识产权和知识产权承载"物"的所有权。例如，我们买了一本金庸的小说《天龙八部》，这本小说的著作权归金庸先生，但这本书的所有权归购买者，此本小说之上有著作权和物两种财产。我们只能使用、阅读这本小说，但没有权利来复制并出售这部小说。美术作品作为财产体，在其之上也存在两种财产：一是作为物的原件，二是作为知识产品的造形；美术作品之上的财产权，又可分为著作财产权和原作所有权。但由于美术作品是一种视觉艺术作品，原件与复制品差距较大，因而其原件的价值往往高于其复制品很多倍，这是美术作品相对于文学作品的一个特点。

在我国法律体系中，民法是调整平等主体之间的财产关系和人身关系的法律。在民法调整的财产关系中，又包括财产所有关系和财产流转关系，调整财产所有关系的法律主要是物权法和知识产权法，调整财产流转关系的法律主要是债权法（主要是合同法、侵权责任法）。在商品经济发达的社会中，物权法及知识产权法在保护所有权不受侵犯、维护财产"静的安全"上起着极其重要的作用，而债权法则在促进财产流转、维护财产"动的安全"以及当财产与人身受到侵害时的法律救济方面，发挥着物权法和知识产权法无可比拟的作用。现代财富的重心已由物权转向债权，法律调整和保护的重心也从财产的"所有"、"静的安全"移向财产的"利用"、"动的安全"。[②] 美术作品交易中的作者财产权益就是既包括财产所

---

① 冉昊：《财产含义辨析：从英美私法的角度》，《金陵法律评论》2005 年春季卷，第 24 页。

② 王丽萍、李洪武：《债权法学》，山东大学出版社 2008 年版，第 13 页。

有关系，又包括财产流转关系。美术作品交易的前提是出售方拥有美术作品的物权或知识产权中的财产权；而交易过程则是通过合同契约的方式进行交易，并不可避免地出现侵权等行为，故又必须由债权法来调整；而交易的结果则是物权和知识产权持有者的变化。美术作品作者财产权是以作者为权利主体，以基于其创作美术作品活动及活动成果（作品）而产生的财产权利为客体。

权利重点强调权，权益重点强调益。权益是权利带来的利益，权益与权利含义基本上是一致的。大致上来说，权利赋予的是某种可为或可不为的行为；权益则是因享有某种权利而包含的利益。本文之所以着重于美术作品作者财产权益的研究，而非财产权利的研究，就在于美术作品因享有某种权利而包含之利益要比美术作者本身按规定所享有的权利更为稳定、更为实际，更贴近客观事实。

一、作者基于美术作品原件的财产权益

"物是存在于人身之外，能满足权利主体的某种需要，并能为权利主体所支配和利用的物质实体。"[①] 物具有几个基本特征：1. 物存在于人体外；2. 物一般为有体物；3. 物能满足权利主体的利益需要；4. 物能为人们所支配；5. 物须独立为一体。通过本章前几节的论述可知，美术作品的原件完全符合物的概念和特征，因而，美术作品原件属于"物"的范畴。

美术作品属于法律意义上的"物"。我国《物权法》对物权的解释是"权利人依法对特定的物享有直接支配和排他的权利，包括所有权、用益物权和担保物权"。如第一章所述，美术作品在实际社会中的权利关系是较为复杂的，是权利的集合体，基于美术作品的"物"形成所有权、占有权、使用权及抵押权等。这些权利都是物权的一部分，都可以用于交易，带有财产收益。

1. 美术作品原件出售带来财产权益

美术作品作者基于创作享有作品原件的初始所有权和处分权，作者可

---

① 马俊驹、余延满：《民法原论》，法律出版社 2007 年版，第66—67 页。

以以合适的价位把作品原件卖给买家。从美术家到买家有以下几种渠道：（1）美术家——买家；（2）美术家——画廊（画商）——买家；（3）美术家——拍卖行——买家；（4）美术家——画廊（画商）——拍卖行——买家。无论哪种渠道，最终都是美术作品原件与货币的双向流动，美术作品原件出售都会给作者带来财产收益。

2. 美术作品原件的使用权可以带来收益

美术作品原件的使用主要是原件的展览。我国《著作权法》规定作者享有使用及许可他人使用作品的权利，原件的使用主要体现在第十条第（八）项（展览权，即公开陈列美术作品、摄影作品的原件或者复制件的权利）和第十八条（美术等作品原件所有权的转移，不视为作品著作权的转移，但美术作品原件的展览权由原件所有人享有）。美术作品的借展一般都要给予所有者一定费用的，作品使用权可以产生收益。

二、作者基于美术作品造形的著作财产权益

"知识产品是指人们通过脑力劳动所创造的，并以一定形式表现的智力成果。"[①] 知识成果是知识产权法律关系的客体。一般来讲，知识产品具有以下几个特征：1. 创造性；2. 非物质性；3. 客体表现性。也就说，知识产品没有外在的形体，只是依附于一定物质载体，对知识产品的占有不表现为物质上直接控制，而是思想内容的掌握和利用。美术作品的造形（而非"造型"）是一般依附于美术作品原件的，而且美术作品原件最真切、最原始地传达了作者要表达的创造性信息。

吴汉东先生认为，"现代财产权体系应包括：以所有权为核心的有体财产权；以知识产权为主体的无体财产权；以债权、继承权等为内容的其他财产权"[②]。他还指出："在知识产权的相关语境中，英文'Intellectual Property'、法文'Propriete Intellectuale'、德文'Gestiges Eigentum'，其原

---

① 马俊驹、余延满：《民法原论》，法律出版社 2007 年版，第 72 页。

② 吴汉东：《论财产权体系——兼论民法典中的"财产权总则"》，《中国法学》2005 年 2 月。

意均为'知识（财产）所有权'或'智慧（财产）所有权'。""在我国，法学界长期采用'智力成果权'的说法，1986 年《中华人民共和国民法规则》颁布后，开始正式通行'知识产权'的称谓。我国台湾地区则把知识产权称为'智慧财产权'。"① 周林先生提出："知识财产一般被理解为因智力创作而产生的（非物质形态的）财富；以该（非物质形态的）财富为对象，不仅是经济权利，并且与智力创作人人身利益相联系的民事权利，可以称作知识财产权，大概也可以简称为知识产权。"② 对于知识产权，刘凯湘认为："知识产权主要是财产性质的权利，因为：其一，取得知识产权主要是为了直接的经济利益的目的……其二，知识产权大多数可以转让，这是财产权的最主要特征，知识产权具备了此一特征。……其三，知识产权的保护大多数有期限……""但与此同时，知识产权又具有人身权的属性，此在著作权中表现得最为明显，著作权中的署名权、修改作品的权利、保持作品完整性的权利通常被认为是不可转让的人身权。"③ 我国现行《著作权法》也规定，著作权分为人身权和财产权。可见，知识产权中既包含了财产权，也包含了人身权。

著作财产权，是指作者本人或者授权他人采取一定的方式使用作品而获得金钱和物质报酬的权利。具体到美术作品，也就是以美术作品财产上的利益为标的，作者在其创作的作品上，就其经济方面可以为占有、使用、收益以及处分的绝对的、排他的一种权利。著作财产权作为财产权的一种，无论是国际公约，还是各国立法之规定，普遍承认著作财产权是知识产权之一种。我国《著作权法》第十条规定：著作财产权主要包括复制、发行、出租、展览、表演、放映、广播、信息网络传播、摄制、改编、翻译、汇编、许可他人使用或者转让他人并获得报酬等权利。

美术作品著作财产权的许可使用和转让均可带来财产收益。美术作品

---

① 吴汉东、刘剑文、曹新明、董炳和：《知识产权法》，北京大学出版社 2005 年版，第 1 页。

② 周林：《主持人的话》。参见周林《知识产权研究》，知识产权出版社 2007 年版，第 18 页。

③ 刘凯湘：《民法总论》，北京大学出版社 2006 年版，第 79 页。

著作财产权质押中，其著作财产权是否发生变动，尚处于不确定状态，但同样可达到交易效果，满足著作权人财产上的需要。著作人身权是以人格利益为内容的权利，一般不能交易，但我国法律并没有不允许著作人身权交易的规定。实际交易中，由于法律制度很不完善，行使和维护著作人身权的成本很高，美术作品中一些著作人身权（如修改权）实际一直在随原作交易，只是很多是"被迫交易"。

1. 著作财产权的许可使用

著作财产权的许可使用，是指作者或其他著作权人采用合同形式授权他人以一定方式使用其作品财产权并获得报酬的一种法律制度。著作权许可使用是作者或者著作权人从事著作财产权交易、获得经济利益、实现作品价值的主要途径之一，也是他人使用作品、满足其不同需要的主要方式。我国《著作权法》第二十四条规定："使用他人作品应当同著作权人订立许可使用合同，本法规定可以不经许可的除外。"《著作权法实施条例》第二十三条规定："使用他人作品应当同著作权人订立许可使用合同，许可使用的权利是专有使用权的，应当采取书面形式，但是报社、期刊社刊登作品除外。"美术作品著作权许可使用合同成立后，并不移转著作财产权的所有权，被许可使用人只是在一定期限、一定范围内享有该作品的使用权，在法律上也不能成为著作权所有人。

2. 美术作品著作财产权的转让

美术作品著作财产权转让是指美术作品作者或其他著作权人将其作品著作财产权中的全部或者部分专有权利（在著作权有效期内）以一定的方式依法转让他人并获得报酬的一种行为。著作权转让合同的标的是著作财产权的所有权，该所有权一经转让，作者或其他著作权人即丧失对其作品的该种经济权利，而受让人在法律上则成为著作财产权的所有人，并可在法定范围内以自己名义行使这些权利。

3. 美术作品著作财产权的质押

关于美术作品著作财产权的质押，我国《著作权质押合同登记办法》第二条规定："著作权质押是指债务人或者第三人依法将其著作权中的财产权出质，将该财产权作为债权的担保。债务人不履行债务时，债权人有权依法以该财产权折价或者以拍卖、变卖该财产权的价款受偿。"我国《担保法》第七十五条也明确规定："依法可以转让的商标专有权、专利权、著作权中的财产权可以进行权利质押。"但在现实生活中以这种无形财产作为担保的实例也并不多见。笔者认为导致这种状况的主要原因有：一是我国现阶段对权利质权这种担保方式的认识不足；二是在法律制度上还存在一定的缺失；三是著作财产权交易的市场尚未真正建立和完善。但随着文化产业的发展，对美术作品著作权需求的日益扩大，将来亦有出现美术作品财产权质押的可能。

三、作者基于署名权的财产权益

笔者认为，美术作品署名权兼具人身属性和财产属性。一方面，作品不同于产品，作品是精神产物，是作者思想感情的表达，反映了作者的人格，作品和其作者之间存在着天然的联系，就如同父母与子女之间的血缘关系一样。作品从某种意义上讲，就是作者的"儿子"[①]。美术作品作者的署名权本质是身份权，只能通过创作作品而原始取得，不能通过转让而继受取得。另一方面，美术作品的署名却是可以影响作品的价值，名家署名作品的市场价通常高于一般署名的作品。美术家的署名就是美术作品品质的一个重要保证，也是重要的美术作品价值衡量指标。同是一张作品，有名家署名、没有名家署名和署一般人姓名，其价格就会有三个明显的区分。署名在美术作品中的一个重要作用就在于标明该作品出自谁手。特别是在品画如品人、人品如画品、崇尚"气韵"标准的中国，名家书画的商标含义就更加明显。

（一）美术作品署名与商标相似可影响价格

来源表示功能：美术作品署名是作者在作品表面留下的标记，既表明了作者的身份，也让欣赏者识别作品的来源。商标是商品的生产者、服务

[①] 李明发、宋世俊：《著作人身权转让质疑》，《安徽大学学报》（哲学社会科学版）2003年第5期。

提供者在其商品或服务上留下的标记。商标最基本的功能就是来源表示功能，商标既是区别商品不同生产者或经营者的标记，也是消费者识别和选购商品的重要依据。商标把商品或服务同商品生产者或服务提供者联系起来，美术作品的署名把作品与作者联系起来。可见，署名和商标在来源表示功能方面还有些相似之处。

品质保证功能：当消费者看到驰名商标就会联想到良好的商品品质或服务质量，商标承载着商品生产者或服务者的商誉。同样，知名美术家署名的作品，欣赏者就会认为是优秀作品。在美术作品市场交易中，买家尤其是新手，在面对相同品质的美术作品时，其选购在很大程度上是基于对作者的名誉或声望的信赖。

（二）美术作品署名不能转让

署名权不能效仿商标权转让，根本原因在于署名权的著作人身权性质。美术作品的署名既体现了作者著作权法上的署名权又体现了民法上的姓名权，但无论著作权法上的署名权还是民法上的姓名权都通常被认为属于精神权益，而非经济财产权益，这一点在《民法通则》、《关于〈中华人民共和国著作权法修正案（草案）〉的说明》（2000 年）及《最高人民法院关于确定民事侵权精神损害赔偿责任若干问题的解释》（2001 年）对署名权和姓名权的说明和规定中得到体现。我国《继承法》只规定了著作财产权可以继承，但未涉及署名权等著作人身权的继承问题。如果允许署名权转让，则意味着作者的"身份"可以通过买卖获得，作者的荣誉、知名度也可以不劳而获，既背离了著作权法鼓励作品创作与传播的初衷，也是对作品受众的欺骗。

（三）被假冒署名有取得赔偿的权利

笔者认为可以基于债权理论，把作者的署名权（在作品上使用姓名）看作一种许可：作者自己当然具有在自己作品上使用自己姓名的权利；"冒名"造假因没有得到作者许可而侵犯作者对署名权的使用权，产生侵权之债。此处要特别说明的是，临摹者在临摹作品时一同临摹了作者的署名，而在出售时在临摹品中表明了自己的姓名和临摹行为，应该说并没有侵犯作者的署名权。

　　我国《民法通则》第八十四条规定："债是按照合同的约定或者依照法律的规定，在当事人之间产生的特定的权力和义务关系。享有权利的人是债权人，负有义务的人是债务人。"债权是债权人享有的请求债务人为特定行为的权利。[①]"在各国法上，可发生债的法律事实主要有合同、不当得利、无因管理、侵权行为及其他。"[②] 侵权行为（tort）是指行为人由于过错，或者在法律特别规定的场合不问过错，违反法律规定的义务，以作为或不作为的方式，侵害他人人身权或财产权，依法应当承担损害赔偿等法律后果的行为。[③] 其基本特征主要有：第一，侵权行为是一种违法行为；第二，侵权行为是一种有过错的行为，只有在法律特别规定下，才不要求必须具备主观过错的要件；第三，侵权行为包括作为与不作为两种；第四，侵权行为应当承担以损害赔偿为主要形式，并兼具其他形式民事责任的行为。《侵权责任法》第六条规定："行为人因过错侵害他人民事权益，应当承担侵权责任。根据法律规定推定行为人有过错，行为人不能证明自己没有过错的，应当承担侵权责任。"第七条规定："行为人损害他人民事权益，不论行为人有无过错，法律规定应当承担侵权责任的，依照其规定。"第二条规定民事权益"包括生命权、健康权、姓名权、名誉权、荣誉权、肖像权、隐私权、婚姻自主权、监护权、所有权、用益物权、担保物权、著作权、专利权、商标专用权、发现权、股权、继承权等人身、财产权益"。基于侵权行为形成的债权是被侵权人依法要求侵害人赔偿的财产权。

　　侵犯公民的署名使用权产生侵权之债在我国法律体系中有明确规定。《民法通则》第九十四条规定："公民、法人享有著作权（版权），依法有署名、发表、出版、获得报酬等权利。"《著作权法》第四十七条规定"制作、出售假冒他人署名的作品的"属于侵权行为，应当根据情况承担停止侵害、消除影响、赔礼道歉、赔偿损失等民事责任；同时损害公共利

---

　　①②③　王利明：《民法》，中国人民大学出版社 2007 年版，第 419、437、754 页。

益的，可以由著作权行政管理部门责令停止侵权行为，没收违法所得，没收、销毁侵权复制品，并可处以罚款；情节严重的，著作权行政管理部门还可以没收主要用于制作侵权复制品的材料、工具、设备等；构成犯罪的，依法追究刑事责任。《刑法》第二百一十七条规定，以营利为目的，制作、出售假冒他人署名的美术作品，违法所得数额较大或者有其他严重情节的，处三年以下有期徒刑或者拘役，并处或者单处罚金；违法所得数额巨大或者有其他特别严重情节的，处三年以上七年以下有期徒刑，并处罚金。

第二章

问题：美术作品作者的财产权益纠纷

正如美国著名法学家兰德斯和波斯纳所言："随着知识产权学术活动变得越来越专门化，这就产生了这样一种危险，即抛弃在物质财产与知识财产之间具有连贯性的观点。"① 而美术作品作为具有双重财产权的客体，在学术研究中就出现了上述倾向，知识产权研究者更乐意将其知识财产作为研究内容，而美术界的研究者则更倾向于把物质的美术作品原件作为研究重点。研究兴趣本无可厚非，但却容易导致顾此失彼。实际生活中的美术作品，本已产生就是包含物质财产与知识财产两种属性，其分配、交易、使用都与这种二元属性有着不可分割的联系，因而对基于美术作品产生的财产权进行全面的整体性研究是破解美术作品占有、交易及使用中错综复杂矛盾的基础和前提。

近年来，随着美术作品交易的发展和作者维权意识的增强，有关美术作品作者财产权益保护的案例越来越多。在美术界出现的案例中，大致可以分为三类：一是美术作品原件产权纠纷；二是侵犯美术作品著作财产权问题；三是美术作品"冒名"造假问题。

第一节 美术作品原件产权纠纷

一、历史遗留的作者财产权问题
——以刘春华《毛主席去安源》五案为例

油画《毛主席去安源》（以下简称《去》）问世于 1967 年一次"毛泽

---

① ［美］威廉·M. 兰德斯、理查德·A. 波斯纳著，金海军译：《知识产权法的经济结构》，北京大学出版社 2005 年版，第 14 页。

东思想的光辉照亮了安源工人运动展览会"（下文简称"安展"）。在时为北京医学院学生的李绍洲和他同学郝国欣等人的主持下，对参加展览的所有美术作品作了设计和规定。当时是中央工艺美院（现清华大学美院）学生的刘春华被分配执笔该画。1968 年，该画正式发表时署名为"北京院校同学集体创作、刘春华等执笔"。1969 年"安展"结束后，油画被举办单位移交给中国革命博物馆收藏。文化大革命结束之后，很多单位将"文革"物品集中销毁，不少博物馆和美术馆将馆藏的"文革"美术作品退还给原作者。1980 年，刘春华决定从"革博"要回《去》画。"《去》画放在'革博'时，画面上竟被弄出了个窟窿，刘春华花了很多工夫才将画补好。自从拿回《去》画后，刘春华一直觉得是块心病。因为保存条件差，久而久之，《去》画出现了龟裂。于是，刘春华想通过市场找到保存者，使《去》画找到归宿，体现价值。"① 1980 年，该画经中国革命博物馆当时的领导同意，被刘春华取走。1995 年 10 月被中国建行以 605 万元竞拍收藏，创下中国油画拍卖的最高纪录。

1998 年 1 月 25 日，国家文物局将《去》画鉴定为"国家馆藏一级文物"。同年 3 月 13 日，国家文物局责成"革博"向刘春华索回《去》画。同年 3 月 23 日，原国家国有资产管理局确认《去》画是国有资产，并责成国家文物局及"革博"追索《去》画。1998 年 4 月 21 日，刘春华向国家财政部提出申请复议，主张《去》画的著作权属于其个人而不是国有资产。1998 年 7 月 9 日，财政部做出维持原国有资产管理局的具体行政行为的"决定"。由此开始，围绕《去》画出现了 5 场既有物权纷争又有知识产权纠纷的官司。②

---

① 胡喜盈：《〈毛主席去安源〉四场官司定归属》，《新疆法制报》2002 年 12 月 30 日。
② 此案基本案情根据以下材料整理：北京市第二中级人民法院民事判决书（1998）二中民初字第 169 号。黄式国、黄爱国：《〈毛主席去安源〉的幕后风波与历史真实》，《南方周末》2006 年 4 月 20 日；连云丽：《油画〈毛主席去安源〉案将开庭审理》，《工人日报》2000 年 1 月 3 日；崔丽：《油画〈毛主席去安源〉作者仍是谜团》，《中国青年报》1999 年 12 月 16 日；张靖：《中国革命博物馆为何讨不回〈毛主席去安源〉》，《北京日报》2002 年 4 月 10 日；胡喜盈：《〈毛主席去安源〉四场官司定归属》，《新疆法制报》2002 年 12 月 30 日；杨杨：《〈去〉画的权利归位——〈毛主席去安源〉油画纠纷案始末》，《中国知识产权报》2001 年 11 月 1 日。

1. 1998 年 7 月 28 日，对财政部的"决定"，刘春华向北京市第一中级人民法院提起行政诉讼。2000 年 4 月 11 日，国务院机关事务管理局致函法院："鉴于原国家国有资产管理局《关于对〈毛主席去安源〉油画产权归属认定意见的函》在做出认定意见上有瑕疵，我局决定撤销此函，并函告国家文物局。"同年 4 月 30 日，刘春华撤诉。

2. 1998 年 8 月，中国革命博物馆以财产返还为由将刘春华和中国建设银行告上法庭，请求判令被告返还"非法处置占有"的油画《毛主席去安源》。

3. 1999 年 10 月 19 日，自称当时参与创作的郝国欣、李绍洲二人起诉至法院，请求确认该油画为合作作品，著作权为集体所有，并认定刘春华侵权。

4. 2001 年 3 月 15 日，刘春华以李绍洲承认是他同有关部门商定的"北京院校同学集体创作刘春华等执笔"的错误署名，侵犯了自己的署名权为由反过来将李绍洲反诉至法庭。

5. 2002 年 2 月，刘春华到崇文区人民法院状告《西安日报》、《天津今晚报》等侵犯其名誉权。原因是 1998 年 2 月《西安晚报》率先刊登了当年曾在中国革命博物馆担任军宣队长的杨彦杰对新闻界发表的谈话："许多人都知道油画《去安源》是陈省画的，此前在纸上画草稿时，有刘春华等人参加。"该文内容后经多家新闻媒体转载。

2002 年 4 月 1 日，北京市二中院对《毛主席去安源》画的归属作出判决：由于"革博"起诉追索《毛主席去安源》画已超过法律规定的诉讼时效，丧失了胜诉权，故驳回"革博"的诉讼请求，案件受理费、鉴定费 3.8 万余元由"革博"负担。

法院同时对郝国欣、李绍洲诉刘春华侵犯著作权一案也作出判决，法院认为，"当年'两报一刊'刊发的署名没有从法律上严格界定著作权，故不能以该署名作为确定著作权的依据。根据《毛主席去安源》画的绘制事实，刘春华应是该画的唯一作者，享有著作权"。判刘春华胜诉。法院当天还驳回了刘春华反诉李绍洲作品署名权的诉讼请求。

2002 年 4 月 15 日，"革博"向北京市高级人民法院提出上诉，"……一审判决驳回'革博'的起诉，严重损害了国家对一级文物的所有权，在社会上造成了极为恶劣的影响。连日来，我馆接到了人民群众的大量来信来电，表示出他们对此案的极大关注。'革博'本着对人民负责，对国家文物负责的态度，依法提出上诉"。针对"革博"上诉理由，围绕本案的焦点问题，刘春华——进行了辩驳。最终，二审法院根据刘春华答辩内容作出终审判决：驳回"革博"上诉，维持原判。刘春华作为唯一作者享有著作权，并有依法取得报酬的权利。"革博"负担所有诉讼费用。另外一场刘春华起诉杨彦杰和两家媒体的诉讼也以对方向刘春华赔礼道歉、在媒体上作出声明、为刘春华挽回影响而告终。

笔者认为，关于围绕《毛主席去安源》引发的上述诉讼，总体看来，是围绕"物权归属"、"合作作品"和"职务作品"的问题，而"物权归属"又和作品是不是"职务作品"紧密相连。

关于"物权归属"与"职务作品"问题。上述诉讼中所讨论的《毛主席去安源》是否属于国家所有的问题，其核心就是判定此画是否是"职务作品"。

以下是有关"职务作品"的相关法律规定：《著作权法》第十六条规定："公民为完成法人或者其他组织工作任务所创作的作品是职务作品，除本条第二款的规定以外，著作权由作者享有，但法人或者其他组织有权在其业务范围内优先使用。作品完成两年内，未经单位同意，作者不得许可第三人以与单位使用的相同方式使用该作品。"《著作权法实施条例》第十一条规定，著作权法第十六条第一款关于职务作品的规定中的"工作任务"，是指公民在该法人或者该组织中应当履行的职责。著作权法第十六条第二款关于职务作品的规定中的"物质技术条件"，是指该法人或者该组织为公民完成创作专门提供的资金、设备或者资料。第十二条规定："职务作品完成两年内，经单位同意，作者许可第三人以与单位使用的相同方式使用作品所获报酬，由作者与单位按约定的比例分配。作品完成两年的期限，自作者向单位交付作品之日起计算。"

下面是关于《毛主席去安源》的一些基本情况：

1. 1967 年夏天，人民大学等单位几位研究党史的师生自发筹办"毛泽东思想的光辉照亮了安源工人运动"展览。准备了一段时间，就开始到北京艺术院校物色美术方面的人才。他们到中央美术学院、中央戏剧学院、北京电影学院要业务比较好的美术人才。到了中央工艺美术学院，他们找到"井冈山"兵团的红卫兵，组织派刘春华到"革博"去报到，展览会组织者、电影学院的王树樟布置他画"毛主席第一次到安源"。

2. 当年创作此画，北京市革委会曾经拨付经费，"革博"曾提供工作条件，展览会后，拨款单位决定将包括《去》在内的所有展品交给"革博"保管。

3. 法院最后认定，此画确实是刘春华独立完成，刘春华应为此画唯一作者，享有著作权。但因为《去》的所有权属于国家，刘无权向"革博"索要，亦不应将此画作为个人财产委托拍卖。

由上面三点可知，法院承认了"革博"对此画的所有权，也承认了刘春华对此画的著作权。从第二点可知，此画是北京市革委会曾经拨付经费，"革博"曾提供工作条件，按现行法律规定，《毛主席去安源》是北京市革委会和"革博"委托刘春华创作的，属于"职务作品"。

关于《去》是否是"合作作品"的问题。上述第3、4、5场官司最关键之处就是确定《去》画是否为"合作作品"。下面以郝国欣、李绍洲与刘春华之间的关系为例进行分析。

郝国欣、李绍洲主张《去》画为合作作品。据郝国欣介绍，1967年6月，北京部分大专院校师生发起筹办了"安展"，郝国欣时任总美术设计兼美术组长。因此，"安展"上的美术作品，其创意、主题、设计和收集素材，都凝聚着郝国欣等人的集体贡献。因此，当年该画才被署名为"北京院校同学集体创作、刘春华等执笔"。郝国欣要求，刘春华不能仅因具体执笔而成为该画唯一著作权人，法院应确认该油画的著作权为原告（郝先生等）集体享有，恢复该画的原有署名方式。

庭审过程中，刘春华提出，该油画是其独立创作完成的，在画面上确定只画毛主席一个人、穿长衫、拿雨伞、天空乌云翻滚……都是我的个人构思；而且，我的这一构思当年还曾遭到原告郝国欣等人的反对，他们曾要求在毛主席身边画上群众烘托，油画背景应该是光芒万丈不应该是乌云密布等；郝、李等人仅为创作提供了辅助性活动，毛主席去安源是历史事实，提供那个年代尽人皆知的史料，不能视为"创作构思"，更不能因此主张著作权；原告对"安展"期间的各个画作提出命题、进行人员分工调配、组织前往江西安源走访老工人、对初稿进行讨论、提供云彩样本以及寻找毛主席早年相片，都是辅助性工作。这些辅助工作，既非构思，也不是创作。该画署名方式是那个特殊时代的历史产物，是错误、无效和不真实的。刘春华还向法院递交了证人证言。

审理此案的北京市第二中级人民法院法官在判决中阐述了自己的观点：《毛主席去安源》属绘画作品，其创作特点在于它是以色彩、构图、点线的连接，组合而形成。每一件绘画作品，其色彩处理方式、点线连接组合的方式以及绘画技巧，都体现着绘制者的智力性劳动……这种特定性是不可能由他人替代的。绘画作品的这一特点决定了直接绘制绘画作品的执笔者，就是作者。《毛主席去安源》由刘春华执笔完成，其对该画享有著作权。法院的判决充分说明了美术作品的"执笔者"的重要性。

油画《毛主席去安源》反映了"计划经济向市场经济转型"过程中美术作品作者财产权界定与保护。据笔者了解，很多美术馆、博物馆特别是学校等基层单位美术馆、博物馆收藏条件有限，有些名家画作自然皲裂或受到破坏，作者借故索要自己的作品，加之管理制度混乱，很容易出现纠纷。另外，由于改革开放前美术创作的特殊制度，如"三结合"①，也容易引起著作权纠纷。如何处理历史遗留的作者原件所有权及著作权问题是一个值得研究的问题。

二、壁画毁坏问题
——以"壁画《赤壁之战》被毁案"②为例

1982 年 4 月 15 日，晴川饭店工程指挥部与湖北省美术院签订"晴川饭店"室内艺术作品协议书一份，内容主要包括："餐厅壁画内容为《三

---

① 三结合，即领导、作者（专业文艺工作者）、群众结合在一起。美术界"三结合"的提法最早见于傅抱石 1959 年发表于《美术》的《政治挂了帅，笔墨就不同——从江苏省中国画展览会谈起》一文。"文革"期间，以"三结合"为主的集体创作模式发展到了极致。

② 湖北省高级人民法院民事判决书［2003］鄂民三终字第 18 号。

国故事》（丙烯）面积54平方公尺，由蔡迪安等四人创作；自合同签订之日起，壁画在三个月内提出初稿，初稿经审定修改合格后半年内完成正稿，壁画上墙时间，由晴川饭店工程指挥部通知作者，作者在接到通知后四个月内完成作品，壁画创作稿酬，参照国务院文化部（79）733号文件精神，共计9180元；作品的创作需双方共同协商决定。"① 湖北省美术院接受委托后，将壁画作品的创作事项交由协议明确确定的蔡迪安等四人来完成。在创作中，协议中的壁画原名"三国故事"，后更改为"赤壁之战"。1983年5月，在晴川饭店的装修过程中，"赤壁之战"开始上墙制作，同年8月完成作品制作。

《赤壁之战》壁画作品原件长17.2米、高3.2米，制作在七块九层板（又称九夹板）上，并用钢钉固定在晴川饭店二楼宴会厅的墙壁上。晴川饭店支付了相应的合同价款。《赤壁之战》壁画完成后，作者蔡迪安等曾对壁画进行拍照，并以此照片向国内美术专业公开出版物投稿刊登，并在国内一些美术作品展览中获奖，其作者署名均为蔡迪安等。1995年8月，晴川饭店与外商合资成立了"晴川公司"，晴川饭店将部分评估资产作为出资，移交给晴川公司，其中包括《赤壁之战》壁画。1997年6月至7月份，晴川公司对饭店进行整体翻修的过程中，在没有通知作者的情况下，对《赤壁之战》壁画进行了拆毁。作者得知后，提起诉讼。

2002年湖北省武汉市中级人民法院作出一审判决②，认为关于《赤壁之战》壁画作品著作权归属问题，要依作品的性质和当事人的约定确认。《赤壁之战》壁画是湖北省美术院受原晴川饭店工程指挥部的委托，交由美术师蔡迪安等四人共同创作完成，是受委托创作的作品。根据我国《著作权法》第十七条的规定，原晴川饭店工程指挥部与湖北省美术院的委托创作合同，对《赤壁之战》壁画著作权归属未作明确约定，著作权依法应归受托人。受托人湖北省美术院出具书面证明，明确表示《赤壁之战》壁画的创作人蔡迪安等四人是该美术作品的著作权人，该意思表示应视为委

---

① 湖北省高级人民法院民事判决书［2003］鄂民三终字第18号。
② 湖北省武汉市中级人民法院民事判决书［2002］武知初字第72号。

托合同的签约人和实际创作人之间对有关权利自愿处分的一种合意，并且蔡迪安等四人多年以作者的身份，将《赤壁之战》壁画以照片形式发表或展出，没有人提出异议，因此，《赤壁之战》壁画美术作品的著作权应归蔡迪安等四作者享有。蔡迪安等创作完成《赤壁之战》壁画后，将作品原件交付给委托人，委托人原晴川饭店工程指挥部支付了合同对价，取得了该作品的所有权。晴川公司合资组建后，《赤壁之战》壁画作品原件作为晴川饭店出资的资产，转移给晴川公司的这一事实，晴川公司与晴川饭店并无异议，《赤壁之战》壁画作品原件财产所有权应归晴川公司享有。晴川饭店以该饭店地处武汉显著位置，1997年整体翻修时蔡迪安等应当知道壁画被毁为由，提出蔡迪安等起诉时已过诉讼时效。对此原审认为，《赤壁之战》壁画有可拆卸性，饭店整体翻修并不导致《赤壁之战》壁画被毁的必然结果，更不能推定出蔡迪安等应当知道该结果的发生，故该案未超过诉讼时效。关于晴川公司拆毁《赤壁之战》壁画作品原件是否侵犯了蔡迪安等对《赤壁之战》壁画所享有的著作权的问题，根据《著作权法》第十八条规定，美术作品原件财产所有权与该作品的著作权是可分离的两种不同的权利，并且将著作权范畴的展览权法定为作品原件所有人享有。蔡迪安等享有《赤壁之战》壁画美术作品的著作权，晴川公司对美术作品原件拥有所有权和展览权，晴川公司有权在《民法通则》第七十一条规定的占有、使用、收益和处分的权利范围内行使权力。其拆毁美术作品原件行为，是对自己的有形财产处分，并未涉及《著作权法》第十条规定的著作权权利范围，也不在《著作权法》第四十六条规定的关于侵犯著作权行为之列。因此，晴川公司损毁属于自己财产的美术作品原件，不属于侵犯著作权行为。

一审法院还认为"著作权属于智力成果权，其权利形态具有无形性。作为特定表现形式的壁画美术作品，其著作权实施的范围受到自身形式的限制。当美术作品原件所有权转移后，某些要利用作品原件才能行使的部分著作权实际穷竭，著作权人所享有的权利，主要体现在自我保护其权利的一面，即禁止他人行使其著作权的权利，包括《赤壁之战》壁画美术作品原件所有人。在此情况下，著作权人是无法利用作品原件实施其权利的，除非经原件所有人同意。因此，蔡迪安等对其主张需要利用作品原件才能行使著作权的部分权利，在作品原件转移后，已实际穷竭，该美术作品原件的拆毁不是上述部分权利丧失的原因。"可见，法院是明显站在"物权"大于"著作权"的角度来判断推理的，认为著作权只是"消极的权利"，不能"主张需要利用作品原件才能行使著作权的部分权利"[①]。但法院又认为这有点欠妥，于是还补充了一点："但站在珍惜美术作品的角度上，晴川公司在装修时，对《赤壁之战》壁画美术作品可以完好珍藏，也可以转让或与作者协商处理，但这并非晴川公司必须遵守的法定义务，双方对此也无合同约定。故蔡迪安等认为晴川公司毁画应负有告知义务，且因晴川公司拆毁作品原件导致其无法行使其著作权等理由不能成立。"[②]根据我国《物权法》，美术作品原件所有人的所有权表现为所有权人于法律限制范围内全面支配美术作品原件的权利，即在法律限度内占有、使用、收益、处分美术作品原件并排除他人干涉的权利。反映在《著作权法》中，对作品原件所有人利益的保护多有偏倚，而对作者著作权则注重不够。如上文提到的我国《著作权法》第十八条关于作品原件展览权归作品原件所有人的规定及《著作权法实施条例》第十三条："作者身份不明的作品，由作品原件的所有人行使除署名权以外的著作权"；以及第十七条："作者生前未发表的作品，如果作者未明确表示不发表，作者死亡后五十年内，其发表权作者可由继承人或者受遗赠人行使；没有继承人又无人受遗赠的，由作品原件的所有人行使。"正如唐绍红在《美术作品著作权保护的比较研究》一文中所说："在美术作品著作权与美术作品原件所有权的关系问题上，立法和学理对作品原件所有人利益的保护多有注重"，而"至于作者就作品原件所享有的利益或者著作权对于物权的限制，学者与立法者却语焉不详"[③]。

　　一审判决的结果是"晴川公司拆毁《赤壁之战》壁画美术作品原件的行为，不构成对蔡迪安等著作权的侵害。蔡迪安等请求晴川公司承担著作权侵权赔偿责任的主张原审法院不予支持。依照《民法通则》第七十一

---

　　①② 湖北省武汉市中级人民法院民事判决书［2002］武知初字第 72 号。
　　③ 唐昭红：《美术作品著作权保护的比较研究》，《武汉科技大学学报》（社会科学版）2004 年第 3 期。

条、《著作权法》第十条、第十七条、第十八条、第四十六条以及《中华人民共和国民事诉讼法》第一百二十八条的规定，判决：驳回蔡迪安、田少鹏、伍振权、李宗海的诉讼请求。案件受理费 15010 元，由蔡迪安、田少鹏、伍振权、李宗海共同负担"①。得到一审判决结果后，蔡迪安、伍振权、田少鹏不服，向湖北省高级人民法院提出上诉。2003 年湖北省高级人民法院认为"原审认定的事实属实"，作出"驳回上诉，维持原判"② 的终审判决。

第二节　侵犯美术作品著作财产权问题

美术作品原件交易是美术作品交易市场的主体，而其著作权交易却是较为少见，这就造成了个别美术作品知识产权交易的高成本，高成本带来的是交易的越来越少，最后导致正规著作权交易的不能。很多知识产权的使用者不知去哪里购买美术作品的版权，美术家也不知道去哪儿可以推广、出售作品的版权。一方面，我国没有版权交易的传统，很多美术作品作者几乎不会主动"出售"作品版权；另一方面，在我国美术作品交易中，普遍存在卖掉作品原件就"潜规则"的等于一同卖绝版权的现象。其原因固然是因为美术作品版权交易不够发达，美术作品版权许可所得有限，但法律上存在的原因也应该加以反思。

此外，既然基于同一件美术作品的物权与著作权的分离经常出现，两者的矛盾和限制也就开始出现了。一方面，美术作品原件所有权与美术作品著作权均为"绝对权"和"对世权"；另一方面，美术作品与美术作品原件又无法分离，两项权利的分别行使定会相互限制，所以，如何界定划分作者与购买者的权利就成为美术作品作者权利保护研究中的一个特殊问题。大多数国家的著作权法都会对此问题作出专门规定，如我国《著作权

---

① 湖北省武汉市中级人民法院民事判决书［2002］武知初字第 72 号。
② 湖北省高级人民法院民事判决书［2003］鄂民三终字第 18 号。

法》第十八条规定："美术作品原件所有权的转移，不视为作品著作权的转移，但美术作品的展览权由原件所有人享有。"又如法国 1992 年《知识产权法典》著作权卷第 L. 111—3 条规定："L. 111—1 条规定的无形财产权与作品原件的财产所有权相独立。作品原件取得人不因取得原件本身获得本法典规定的任何权利。这些权利只属作者及其权利继受人本人，但作者及其权利继受人不得要求原件所有人交出原件供其行使权利之用。但原件所有人明显滥用权利妨碍发表权的行使时，大审法院可根据 L. 121—3 条的规定采取一切适当之措施。"① 如何保障作者行使著作财产权是我国著作权法应该研究的一个重要问题。

一、对复制权的侵犯
——以陈湘波诉娃哈哈酒店案为例

著名画家陈湘波先生系国家一级美术师、关山月美术馆馆长、中国美术家协会会员、中国工笔画学会理事，作品先后被中国美术馆、中国人民革命军事博物馆、广州美术学院、广州美术馆、深圳美术馆等国内外专业机构和个人收藏，出版有个人画集《陈正作品》、《中国画范本丛书·陈湘波现代工笔鸟》、《当代美术家作品丛书·陈湘波》、《草木芳华·陈湘波画集》以及专著《艺术大师之路·关山月》。2005 年，陈湘波陆续听到朋友说在中国美术馆旁边的娃哈哈大酒店见到过自己的作品，还以为画家本人与酒店有合作关系。经了解，娃哈哈大酒店确实悬挂有陈先生创作的《秋酣》、《四季·秋风》、《荷·夏荫》、《四季·夏至》、《荷·滴翠》、《荷·夏风》等画作，并在使用作品过程中，将许多作品分割、裁剪，有些则将作品上作者的题名、落款裁去。

面对侵权行为，陈湘波先生终于提起了诉讼，认为娃哈哈大酒店的上述行为，侵犯了原告对上述美术作品享有著作权中的署名权、保护作品完整权、修改权、复制权、展览权和获得报酬权，为维护原告的合法权益，诉请判令被告："1. 停止悬挂、展示原告作品的复制品；2. 赔偿原告经济

---

① 《法国知识产权法典》（法律部分），黄晖译，商务印书馆 1999 年版，第 16 页。

损失 490000 元；3. 在《北京日报》等媒体上向原告赔礼道歉；4. 承担诉讼合理支出 73208.5 元，其中律师费 30000 元、公证费 3612 元、机票款 9460 元，冲印费及邮政快递费 136.5 元、律师调查费 30000 元。"[1] 被告北京娃哈哈大酒家有限公司辩称："第一，被告处悬挂的原告作品均为台湾迦通国际有限公司在被告 2003 年 8 月 1 日开业时赠送，被告未进行过剪裁。被告作为从事餐饮服务的企业，已尽到了合理的注意义务，并在发现可能存在侵权的情况下于 2007 年 4 月 20 日撤下了原告作品。第二，被告使用原告作品仅作为装饰，并未因此获利，未造成原告损失，反而对原告起到宣传的效果。第三，被告已不再悬挂原告作品，不存在停止侵权的问题。被告没有过错，不应承担侵权责任。"[2]

北京市东城区法院依据《著作权法》第十条第一款第（二）、（三）、（五）、（八）项，第十条第二款，第四十六条第（十一）项，第四十七条第（一）项，第四十八条，最高人民法院《关于审理著作权民事纠纷案件适用法律若干问题的解释》第二十六条之规定，作出如下判决："一、被告北京娃哈哈大酒家有限公司于本判决生效之日起十日内赔偿原告陈湘波经济损失二万一千元以及为制止侵权行为所支出的合理费用六千元。二、驳回原告陈湘波其他诉讼请求。"[3]

法院对此案件分析大体是：首先，被告未经原告许可，"擅自在其经营场所使用原告享有著作权的美术作品"，且对作品进行裁剪、分割，侵犯了原告就涉案作品享有著作权中的修改权、复制权、展览权及获得报酬权，应承担相应侵权责任；接着，"被告使用原告作品，提升了其经营场所的格调、氛围，从而获取了潜在的商业利润"，故其抗辩意见不能成立。然后，被告应承担停止侵权、赔偿损失的侵权责任。

判决书中提到了两个问题：一是署名权问题，二是保护作品完整权问题。关于署名权，"鉴于被告的具体使用方式，即在同一房间中两次使用原告的同一幅作品，一幅署名、一幅未署名，足以使公众知晓未署名作品的作者即原告，故原告要求被告赔礼道歉的诉讼请求，本院不予支持"。

---

[1][2][3] 北京市东城区人民法院民事判决书［2007］东民初字第 03991 号。

关于侵犯就涉案作品享有著作权中的保护作品完整权一节，法院认为："由于保护作品完整权系著作权人保护作品不受歪曲、篡改的权利，本案中被告的侵权使用行为并未歪曲、篡改原告作品所表达的内容，故原告主张被告侵犯其该项权利，本院不予支持。"①

对于为什么是"赔偿原告陈湘波经济损失二万一千元以及为制止侵权行为所支出的合理费用六千元"，法院给出的原因是"原告主张被告赔偿490000元，本院认为标准过高，将根据原告作品的创作难度、被告的使用目的、使用期间以及可能带来的利益情节予以酌定。原告主张为制止侵权支出费用一节，本院对原告的公证费、律师费、交通费及其他调查取证费等，综合考虑本案具体情况，予以酌定"。也就是说，法院"酌定"的是2100 + 6000元。对于此赔偿结果，当事人陈湘波先生说，为打这场官司，其代理律师几次往返于深圳、北京之间，前前后后的费用就超过两万元，更不要说为此花费的精力、时间。② 从诉讼成本与收益来讲，法院酌定的二万多元只是补偿了陈先生打官司这一过程的费用，而对作品被侵权使用却没有作出赔偿。

笔者认为，此案是一个非常具有代表性的美术作品作者著作财产权综合侵权案，这类案件通常一方是著名画家，一方是作品悬挂装饰的酒店或商场等公众消费场所，使用方不经作者同意就悬挂作品用于装饰，且使用方经常有"仅作为装饰，并未因此获利，未造成原告损失，反而对原告起到宣传的效果"的辩解。笔者认为，此案反映了以下几个问题：一是美术作品著作财产权交易的需求；二是美术作品著作权诉讼的"成本"与"收益"不成正比；三是商家对知识产权的无知；四是法院对此类官司采用"息事宁人"的指导思想。

二、外观专利与著作财产权冲突问题
——以《孔雀舞》剪纸案③为例

张时中的剪纸作品《孔雀舞》完成于1990年，并收录于1995年出版

---

① 北京市东城区人民法院民事判决书［2007］东民初字第03991号。
② 梁瑛：《官司赢了，他却高兴不起来》，《深圳商报》2008年1月4日。
③ 云南省昆明市中级人民法院民事判决书［2002］昆民六终字第6号。

的《云南剪纸新作》一书。1999年7月，深圳市熊川投资发展有限公司与深圳刘丹工作室签订《委托设计合同》一份，约定该设计室为云南熊谷生物工程开发有限公司设计"云南情紫米酒"包装，包括酒盒、瓶帖、瓶盖、大箱和海报。设计方案一经采用，版权即归云南熊谷生物工程开发有限公司所有。还特别约定，设计方案中的所有图案资料须自行创作设计，若涉及侵权，责任由深圳刘丹工作室承担。1999年12月17日，国家知识产权局以专利号ZL99310938.1授予"云南情"酒男装包装盒外观设计专利，载明设计人为刘丹，专利权人为"云南熊谷生物工程开发有限公司"。然而，该包装盒上却使用了张时中的剪纸作品《孔雀舞》作为装饰图案。于是，张时中诉至法院请求判决云南熊谷生物工程开发有限公司侵权，赔偿损失26万元，支付为制止侵权行为的差旅、取证等费用1000元，赔偿误工损失5000元，承担案件受理费5200元。

一审法院经审理认为：原告张时中享有剪纸作品《孔雀舞》的著作权，被告在其产品"云南情"酒男装的包装盒上，复制使用原告剪纸作品《孔雀舞》的图案作为外观设计，侵犯了原告的著作权，故应承担相应的侵权责任。因实际损失和被告的违法所得不能确定，根据侵权行为的情节，包括原告为制止侵权行为所支付的合理开支，由法院依法酌定。法院酌定的结果是"由云南熊谷生物工程开发有限公司在判决生效之日赔偿张时中人民币1万元"[①]。

二审法院审理中首先对剪纸作品《孔雀舞》是否是美术作品，作出认定："本案被上诉人的剪纸作品，是经过其创作而形成的，具有一定的独创性，符合著作权法所称作品的条件，属美术作品的范畴。更细一步划分，则属传统的工艺美术作品，该作品属著作权法的保护范围。"接着，"上诉人未得到被上诉人的许可，而使用其享有著作权的作品，依法应确认为侵权"。被上诉人的作品完成于1990年，自此享有著作权；而上诉人的专利权取得于1999年，被上诉人的著作权相对于上诉人的专利权是一个在先的权利。人民法院审理权利冲突的案件，应当保护当事人在先依法

---

① 云南省昆明市五华区人民法院民事判决书［2001］五法民一初字第93号。

享有权利的权益。"本案上诉人以侵权方式将酒盒包装申请了外观设计专利，国家专利局授予了其专利权，但这绝非将上诉人的侵权行为合法化。"再接着，"上诉人辩称其与刘丹设计室签订的协议中约定图案资料须由刘丹工作室自行创作设计，若涉及侵权，责任由该工作室承担，但这是其与刘丹工作室之间的约定，不能对抗第三人"。最后，二审法院认为"一审判决一万元的赔偿欠妥，应予纠正"。纠正的结果是由一万变为五千元。

此案二审法院对"由一万变为五千元"的推理，颇值得玩味。法院在酌定时，考虑了以下因素："（1）上诉人的侵权情节。本案中，上诉人与刘丹工作室签订了协议，从协议内容看，上诉人为避免侵权已作出了相应的约定，之后还将酒盒包装申请了专利，可以说上诉人主观上并无恶意，被上诉人的作品在上诉人的酒盒包装上所占的比例并不大；（2）被上诉人作品本身的价值，被上诉人的剪纸作品在正常情况下许可使用所能得到的对价，被上诉人因维护其著作权而支出的合理费用；（3）判决的社会效应。赔偿数额过高对上诉人不公平，过低则对被上诉人不公平。一个合理赔偿额有利于本案及类似纠纷的解决，有利于全社会树立正确的知识产权价值观；（4）本案的赔偿数额与法院在先类似判决的协调统一。基于上述因素综合考虑，法院认为一审判决一万元的赔偿额不适当，应将其调整为五千元。"①

笔者认为，此案例是一典型的三败俱伤的案例：第一，作者著作财产权并没有得到最大化的实现。众所周知，一件商品只有售出才可以实现其价值，获得收益，同样，剪纸作者的作品著作权只有许可他人才有可能获得收益，实现财产权，而此案虽然保护了作者财产权不受侵害，但并没有实现财产权的最大化。第二，云南熊谷生物工程开发有限公司与刘丹工作室签订了协议，从协议内容看，上诉人为避免侵权已作出了相应的约定，之后还将酒盒包装申请了专利，可以说上诉人主观上并无恶意，云南熊谷生物工程开发有限公司只是想为其产品获得一个良好的包装而进行委托，既然此公司使用了张时中的剪纸作品《孔雀舞》，那么，此公司就认可了《孔雀舞》对其产品的适用性，况且一经投入市场就产生了顾客识别效用，

① 云南省昆明市中级人民法院民事判决书［2002］昆民六终字第6号。

在短时间内更换包装不利于销售，所以，此公司的利益也没有最大化。第三，从知识产权法理的"鼓励传播"的理论来看，"知识"并没有得到最大范围的传播，张时中的《孔雀舞》剪纸丧失了一次大范围传播的机会。知识创造本身是件成本很大的事，但可惜的是创作出来之后却不能很好地发挥其对社会的贡献。作者的成本与收益没有成正比，作者再创作的条件和动力并没有得到改善和加强。

三、企业商标对著作财产权的侵犯
——以"三毛"漫画形象案为例

"三毛"漫画形象纠纷案是一起在我国影响较大的侵犯漫画作者著作财产权的案例，漫画作者和侵权者都在国内外很有影响力，一方是张乐平（因其已逝世，有其家属代行权利），一方是江苏三毛集团（经此案后，改为海澜集团，即"海澜之家"上属集团）。一个美术作品侵权案可以使一个资本超 20 亿元、中国毛纺业首家国家重点高新技术企业、世界毛纺十强企业更改名称和产品商标确实是较为罕见的。

著名漫画家张乐平先生自 20 世纪 30 年代起就创作了大脑袋、圆鼻子、头上仅有三根毛的"三毛"漫画形象。自 1936 年出版《三毛第一集》至 1995 年再版《三毛流浪记（全集）》止，先后出版各类"三毛"漫画集达 33 次，广为流传的代表作有《三毛流浪记》、《三毛从军记》等。1996 年 2 月 16 日，上海市版权处对张乐平创作的美术作品"漫画三毛形象系列"予以登记（登记号为作登字 09—96—F—002）。

1996 年初，张乐平配偶及子女发现江苏三毛集团产品商标、户外广告、职员名片、报刊、企业内部铭牌中都有"三毛"漫画形象。"经调查，被告于 1995 年 11 月 28 日至 1996 年 2 月 28 日期间，共向国家工商行政管理局商标局申请 38 类标有'三毛'漫画形象的商标（已核准 31 类）。在此期间，被告共印制标有'三毛'漫画形象的商标 111030 件，现尚有库存 34030 件。"[①] 1996 年 4 月 15 日，原告冯雏音等以侵犯著作权为由，向

①　上海市第一中级人民法院民事判决书［1996］沪一中民初（知）字 94 号。

上海市第一中级人民法院状告江苏三毛集团公司。

一审法院认为：被告将"三毛"漫画形象作为商标申请注册和企业形象使用，侵犯了原告的著作权。被告应对未经许可使用原告"三毛"漫画形象作品的侵权行为负责。因此，被告所称的其使用的商标已被核准登记注册，使用行为就是合法行为的理由不能成立。原告继承的是著作权人的财产权，故原告诉请要求被告登报赔礼道歉于法无据，不予支持。原告诉请要求被告赔偿损失100万元，但未能提供充分的证据予以证实。考虑到原告为制止被告的侵权行为所支付的费用等及被告已使用了77000张"三毛"商标，故被告应酌情赔偿原告的经济损失人民币10万元。

二审法院认为：上诉人江苏三毛集团公司辩称"三毛"形象为瑞典奥斯卡·雅各布生所创作一节显与事实不符。张乐平创作的"三毛"是我国公众熟悉的漫画形象，上诉人理应知道擅自将该美术作品作为商标在其产品上使用是侵犯他人著作权的行为。现上诉人提出该商标由他人设计，对此产生的法律后果其不负责，于法无据，本院不予支持。本案涉及的是上诉人侵犯被上诉人的在先权利，故上诉人认为其"三毛"商标已注册，属合法使用，不侵犯他人权利，也属无理。原审法院根据被上诉人要求赔偿损失的诉讼请求，作出责令上诉人酌情赔偿被上诉人损失的判决是正确的，应予维持。综上所述，原判决认定事实清楚，诉讼程序合法，适用法律正确。依照《中华人民共和国民事诉讼法》第一百五十三条第一款第（一）项、第一百五十八条之规定，于1997年8月19日判决如下：驳回上诉，维持原判。①

笔者认为，"三毛"漫画形象侵权案是一个可以对我国动漫发展产生深远影响的判决案例。在2009年刚刚结束的"第十一届全国美术作品展览"中，动漫作品被首次列入全国美术作品展，一般认为，"漫画"属于《著作权法》中的（平面）美术作品，"动画"属于以"类似摄制电影方法创作的"作品，"动漫衍生产品"则属于（立体）美术作品。但实践中就没那么简单，特别是动画的版权保护要复杂得多。因为大量的"动画"

---

① 上海市高级人民法院民事判决书［1997］沪高民终（知）字48号。

可能只是一个动画片段，如 3D 电影中的一个动画特技、网络游戏中的一个场景、简短的 Flash 动画、网上流行的动态表情符号、产品的动画广告、动画示意图、动画片的片花等，这些都很难归类到以"类似摄制电影的方法创作的"作品中来。那么，其中的一些可以单独运用的要素，比如片段中的一个场景、小网游中的一个形象等，都可能成为侵权对象。"三毛"漫画形象侵权案作为一个案例虽然不是尽善尽美，但对于警告类似的侵权者有着重要意义。

四、美术作品著作权"合理使用"的界定
——以广州《五羊雕塑》案为例

"五羊雕塑"系列侵权案集中反映了美术作品著作权"合理使用"的问题。这一系列侵权案有三起诉讼构成，包括"五羊石像"作者及广州雕塑院诉广州家广超市有限公司家乐福超市宣传广告侵权案，"五羊石像"作者及广州雕塑院诉广州市伦章商贸有限公司、广州市伦章商贸有限公司西关旅游用品购物中心长期销售侵犯原告著作权的工艺品案，以及"五羊石像"作者及广州雕塑院诉广州市正佳旅行社有限公司在正佳广场三楼销售侵犯原告著作权的工艺品案。"五羊石像"的作者及广州雕塑院分别向三案件的被告提出了停止侵权、赔偿经济损失和赔礼道歉的诉讼请求。

2007 年 12 月广州市中级人民法院对三起涉及"五羊石像"侵权纠纷的案件分别作出一审判决，所有判决都驳回了原告广州雕塑院及"五羊石像"作者的诉讼请求。广州中院在判决书中还对"五羊石像"的著作权权属问题作出认定，判定"五羊石像"署名权外的其他著作权应该属于广州市政府。

下面以原告尹小艾、尹卫岗、陈本宗、孔繁伟、广州雕塑院与被告广州市家广超市有限公司（广百股份与家乐福合资），第三人广州市人民政府关于"五羊石像"雕塑作品著作权权属和侵权纠纷一案①为例详细说明。

此案中，原告尹小艾、尹卫岗、陈本宗、孔繁伟和广州雕塑院诉称，

---

① 广东省广州市中级人民法院民事判决书［2005］穗中法民三知初字第 629 号。

《五羊石像》作品系由广州雕塑院组织单位员工尹积昌、陈本宗、孔繁伟于1960年创作完成，依法属于职务作品，其著作权由广州雕塑院和三位作者共同享有（由于尹积昌已于1998年逝世，其对《五羊石像》的相关著作权利依法由其继承人继承）。被告家广超市为谋取经济利益，在其属下的康王店和员村店的入口处，张贴了含有《五羊石像》图像的大幅宣传广告。被告的行为并未征得著作权人的许可，没有为其署名，亦未向其支付任何报酬，严重侵犯了原告对《五羊石像》享有的复制权和署名权，并给原告陈本宗、孔繁伟造成了严重的精神损害。请求法院判令："1. 被告立即停止侵犯原告《五羊石像》著作权，拆除并销毁使用《五羊石像》的侵权宣传广告。2. 被告向原告赔偿经济损失300000元。3. 被告向原告陈本宗、孔繁伟赔偿精神损害金3000元。4. 被告赔偿原告支出的调查费1077元、律师费20000元，合计21077元。5. 被告在《广州日报》、《中国知识产权报》上向原告公开赔礼道歉。6. 由被告承担本案诉讼费用。"①

被告广州市家广超市有限公司辩称，不同意原告起诉被告的事实和理由，并于庭审后补充提交一份证据材料，为广州市人民政府办公厅主编的《广州市简介》的封面、扉页及第三页的复印件，拟证明"五羊石像"是广州市的标志，被告的行为属于合理使用行为。

第三人广州市人民政府向法院主张，涉案作品《五羊石像》的著作权应归广州市人民政府。因为作品的创作是依照市政府的意志，并由市政府组织、主持，系应由广州市政府承担责任的作品。根据史料以及相关的证据证明，提出创作意图的是当时的市长朱光，并且在其主持下，由广州雕塑院的职工尹积昌、孔繁伟、陈本宗三人按照朱光市长所提的要求创作，该创作稿也是经朱光市长审定并修改。作品的整个创作过程以及完成后，都是由政府出资并维护。朱光市长是代表当时广州市政府的意志，对作品创作的整个过程给予指导和支持，因此，除署名权以外的其他著作权应由政府享有，署名权归尹积昌、陈本宗和孔繁伟三人享有。

---

① 广东省广州市中级人民法院民事判决书［2005］穗中法民三知初字第629号。

经法院审理认为，本案"五羊石像"雕塑作品系陈列在室外公共场所的艺术作品，被告将对"五羊石像"拍摄的成果作为下属超市的宣传装饰画，不会影响著作权人对该雕塑作品的正常使用，没有对该雕塑作品的价值产生不良的影响，没有损害著作权人的合法权益，故这种使用作品的方式，符合《著作权法》关于合理使用的规定，属于司法解释规定的"以合理的方式和范围"再行使用。另外，被告虽然没有在装饰画上指明"五羊石像"作者姓名、作品名称等具体情况，但这主要是因为使用方式限制的原因，同时也不会使社会公众对"五羊石像"的作品名称及作者姓名等信息产生歧义。因此，被告的行为没有侵犯原告尹积昌、陈本宗、孔繁伟的署名权。

法院在审判过程中推理过程如下：被控侵权行为发生在现行《著作权法》施行以后，因此，可依照现行《著作权法》处理被控侵权行为。关于被告将拍摄的"五羊石像"雕塑作品的照片制作成图片使用是否属于著作权法规定的合理使用的问题作如下分析：1. "五羊石像"雕塑矗立在广州市越秀公园的五羊仙庭景区内，而越秀公园是向社会公众开放的公园，因此该作品属于陈列在室外公共场所的艺术作品。2. 我国《著作权法》第二十二条第一款第（十）项规定："对设置或者陈列在室外公共场所的艺术作品进行临摹、绘画、摄影、录像，可以不经著作权人许可，不向其支付报酬，但应当指明作者姓名、作品名称，并且不得侵犯著作权人依照本法享有的其他权利"，所以本案被告以摄影的方式复制放置在公共场所的"五羊石像"雕塑符合上述规定，应属于合理使用。3. 根据最高人民法院《关于审理著作权民事纠纷案件适用法律若干问题的解释》第十八条的规定，对设置或者陈列在室外社会公众活动处所的雕塑、绘画、书法等艺术作品的临摹、绘画、摄影、录像人，可以对其成果以合理的方式和范围再行使用，不构成侵权。如前所述，被告拍摄"五羊石像"雕塑的行为属于合理使用，但是其对拍摄成果的使用是否是合理的方式和在合理的范围内呢？本院认为，对拍摄成果的再行使用不仅包括非营利的使用，而且也包括以营利为目的的使用，即只要是不影响原作品的正常使用，不损害著作权人的合法权益，不管是否以营利为目的的使用，都属于我国《著作权法》规定的合理使用范围。①

综上，本案"五羊石像"雕塑作品的争议既包含历史因素，又属于公益作品，加之作品较高的知名度，在我国美术作品著作权案件判决中具有导向作用。法院最后的审判较为合理地界定了"五羊石像"的产权，也为其产权的利用提供了便利，较好地实现了作品的价值。

第三节　美术作品"冒名"造假问题

一、拍卖"冒名"美术作品
——以吴冠中《毛泽东肖像》、《池塘》两案为例

经典的吴冠中诉上海朵云轩、香港永成古玩拍卖有限公司一案到目前为止是中国美术界和法律界讨论最多的个案，已被很多法学院作为教材内容教授。之所以成为经典，一方面是时间较早，另一方面在于其典型性，典型地反映了中国美术作品作者财产权的尴尬境地。因为在很多人看来，此案应该是一个有关美术作品原件交易的案件，为什么会牵扯到"著作权"？即使牵扯到"著作权"，又为什么是基于一件作者根本就没有创作的作品？如果要制止出售或拍卖画家假画的行为，政府为什么不"打假"，为什么不以打击假冒伪劣商品的法律处理？系列问题的提出，是此案备受关注的深层原因。

原告吴冠中诉称：1993年10月27日，被告上海朵云轩、香港永成古玩拍卖有限公司联合在香港拍卖出售了一幅画《毛泽东肖像》，画上有"炮打司令部　我的一张大字报　毛泽东"字样，落款为"吴冠中画于工艺美院一九六六年"。拍卖前，曾通过有关单位转告上海朵云轩这幅画系假冒原告署名的伪作。但是，上海朵云轩在接到通知和书面函件后，仍与拍卖有限公司联合拍卖，甚至出具专家鉴定意见称，这是吴冠中的作品，致使该伪作被他人以港币52.8万元购去。两被告的行为侵犯了原告的著

---

① 广东省广州市中级人民法院民事判决书［2005］穗中法民三（知）初字第629号。

作权，使其声誉和真作的出售均受到了不应有的损害。为此，请求法院判令被告停止侵害、消除影响、公开赔礼道歉，赔偿经济损失港币 52.8 万元。[①]

吴冠中所追求的是中西艺术的融合，是现代西方艺术与传统中国绘画的融合，尤其是作品中的形式美。他的艺术历程基本上可以说是超脱于官方主流美术之外的，只是偶尔奉命为一些官方机构作过一些风景画，例如曾为中国革命历史博物馆作的巨幅油画《长江三峡》（立幅，400×300cm）等。[②]

随着吴冠中画价的不断上升，模仿吴冠中的假画也越来越多，但多数是模仿其"典型"风格的作品。在该案审理中朵云轩方面曾提出："吴冠中画市价很高，在香港市场流传他的假画就有 100 多张，再多一张又有什么关系呢？"[③]但本案系争作品的作用和影响却是非同寻常的。因为系争作品是一幅毛泽东肖像，而且主题是对《毛泽东——炮打司令部，我的一张大字报》的崇拜和褒扬。表现了此画作者的政治态度和立场以及艺术创作的态度问题。正如 1993 年 11 月 30 日吴冠中向上海市中级人民法院第一次递交的起诉书中所称的此画是强加于他的"政治态度和艺术态度"。[④]

总而言之，吴冠中之所以起诉的重要原因就在于其认为系争作品的拍卖改变了他在别人眼中的形象，给其完美的创作历程带来了阴影，败坏了其名声。

这一点在其第一次 1993 年 11 月 30 日提交法院的诉讼书中表现的是非常明显的，起诉书指出：两被告的作为不仅严重侵犯了原告吴冠中的姓名权，而且强加于他"政治态度和艺术态度"，也侵犯了他的名誉权。要求两被告立即停止侵权，追回且销毁两幅伪作（另一幅为风景画伪作《乡土风情》）。恢复吴冠中的名誉，消除影响，公开赔礼道歉。收缴被告非法所得的拍卖款项，并赔偿吴冠中精神损失费 100 万元人民币。[⑤]可见，其提出诉讼的原因重点是"名誉"问题，姓名权问题的提出最终

---

① 上海市第二中级人民法院民事判决书［1994］沪中民（知）初字第 109 号。

②③ 翟墨：《吴冠中年表》，《圆了彩虹——吴冠中传》，人民文学出版社 1997 年版，第 510、453 页。

④⑤ 翟墨：《圆了彩虹——吴冠中传》，人民文学出版社 1997 年版，第 447 页。

还是针对"名誉"恢复这一目的而提出的。而此前的 1993 年 11 月 19 日,《中国文化报·文化周末版》发表了记者王洪波的访谈录《吴冠中谈假画风波》,文中吴冠中谈道:"在精神产品生产者的声誉受到侵害时,他的损失就更大。法律上应该考虑赔偿精神损失的合理金额,以达到真正惩戒侵权者的目的。"这也表明了吴冠中提出诉讼的原因重点是"名誉"问题。[①]

后来由于民事庭没有作出判决,法律专家们认为此案主要是侵犯著作权,于是吴冠中决定重聘律师,重新起诉。这次原告吴冠中诉称:1993 年 10 月 27 日,被告上海朵云轩、香港永成古玩拍卖有限公司联合在香港拍卖出售了一幅画《毛泽东肖像》,画上有"炮打司令部 我的一张大字报 毛泽东"字样,落款为"吴冠中画于工艺美院一九六六年"。两被告的行为侵犯了原告的著作权,使其声誉和真作的出售均受到了不应有的损害。为此,请求法院判令被告停止侵害、消除影响、公开赔礼道歉,赔偿经济损失港币 52.8 万元。[②] 这其中也同样可以看出对其声誉保护的强调。另外可以发现与 1993 年 11 月 30 日提交法院的诉讼要求相比,少了对风景画伪作《乡土风情》要求赔偿权利的主张,而突出了《毛泽东肖像》画的拍卖,可见系争作品对于原告吴冠中的特殊意义,其特殊意义的关键是原告认为系争作品是对其艺术风格的任意歪曲和侮辱。

经过一审和二审,最终上海市高级人民法院经审理认为:公民在其作品上的署名权受法律保护,同时,法律禁止制作、出售假冒他人署名的美术作品。本案讼争作品《毛泽东肖像》,落款非吴冠中署名,是一幅假冒吴冠中署名的美术作品。在二审庭审期间,公安部第二研究所研究员詹楚才出庭作证,详细阐述了对《毛泽东肖像》画署名的鉴定经过和结论。上诉人上海朵云轩与原审被告拍卖有限公司在依协议联合主办的拍卖活动中公开拍卖了假冒吴冠中亲笔署名的美术作品,共同构成了对吴冠中著作权的侵害。因侵权行为人之一上海朵云轩在上海,拍卖行为包括书画征集、

---

① 王洪波:《吴冠中谈假画风波》,《中国文化报》(文化周末版)1993 年 11 月 19 日。

② 吕国强:《吴冠中诉上海朵云轩、香港永成古玩拍卖有限公司侵犯著作权案》。参阅《知识产权案例精选》,法律出版社 1999 年版,第 125 页。

编印发行《图录》、拍卖清账等行为，载有该画的《图录》部分流入上海，上海系本案侵权行为地之一。因此，本案适用中华人民共和国法律是完全正确的，上海朵云轩、拍卖有限公司有关"本案应适用香港法律"的辩称是没有根据的。另外，上海朵云轩、拍卖有限公司不听有关方面劝阻，执意拍卖属于有严重侵权行为的画件，应当依法承担停止侵害、赔礼道歉、消除影响及赔偿损失的民事责任。一审判决对本案事实认定清楚，法律适用正确。但鉴于该画是由拍卖有限公司直接接受委托，上海朵云轩曾数次转达了有关方面及作者的意见等事实，拍卖有限公司对本案的侵权行为负有主要责任，上海朵云轩系拍卖联合主办单位之一，也应负一定责任，并相互承担连带责任。①

根据上述认定，1996 年上海市高级人民法院判决如下：一、维持上海市第二中级人民法院［1994］沪中民知初字第 109 号民事判决的第一项：上诉人上海朵云轩、原审被告拍卖有限公司联合拍卖假冒吴冠中署名的美术作品《毛泽东肖像》画的行为，共同严重侵犯了原告吴冠中的著作权，应停止侵害；二、维持上海市第二中级人民法院民事判决的第二项：上诉人上海朵云轩、原审被告拍卖有限公司在《人民日报（海外版）》、《光明日报》上载文向被上诉人吴冠中公开赔礼道歉，消除影响，内容须经本院审核通过；三、变更上海市第二中级人民法院［1994］沪中民知初字第 109 号民事判决的第三项"两被告共同赔偿原告损失人民币 7.3 万元"为"上海朵云轩、拍卖有限公司共同赔偿吴冠中损失人民币 7.3 万元"，其中上海朵云轩赔偿吴冠中 2.7 万元，拍卖有限公司赔偿吴冠中 4.6 万元。本案一、二审诉讼费人民币 5400 元，由上海朵云轩负担 2000 元，拍卖有限公司负担 3400 元。②

吴冠中诉上海朵云轩、香港永成古玩拍卖有限公司一案的胜诉，一方面证实了很多画家相信的艺术市场"还是有王法的"，另一方面也暗示了

---

① 上海市高级人民法院复议决定书［1995］沪高民终（知）字第 48 号。

② 吕国强：《吴冠中诉上海朵云轩、香港永成古玩拍卖有限公司侵犯著作权案》。参阅《知识产权案例精选》，法律出版社 1999 年版；卢新华：《吴冠中诉讼案情况综述》，《美术》1994 年版，第 9 页。

维权的艰辛，使很多画家望"诉"生畏。此案反映了我国在制止冒名造假中适用法律的思路，即以著作权的规制实现原件的交易安全。

2008 年又出现了一起与吴冠中先生作品相关的案例。2005 年上海收藏者苏敏罗在北京翰海"2005 秋季拍卖会油画雕塑专场"拍卖会上拍得一幅署名吴冠中的油画《池塘》，该拍品的委托人为萧富元。2008 年 7 月，苏敏罗带着《池塘》来到吴冠中先生家中，吴冠中先生认定该画系伪作并在外裱玻璃上题写"这画非我所作，系伪作，2008 年 7 月 1 日"。于是，苏敏罗将委托人萧富元和北京翰海拍卖公司诉至北京市第一中级人民法院，以《池塘》实际是假画，翰海公司和萧富元在明知是假画的情况下拍卖作品，翰海公司拍卖前所作免责声明应当无效为由要求判决令撤销相关拍卖合同、返还拍卖款及佣金等。对于苏敏罗的诉讼请求，萧富元答辩说，他"只是本次拍卖活动的委托人，苏敏罗作为买受人只能起诉拍卖人，无权直接起诉委托人，他与苏敏罗不存在拍卖合同关系"。而北京翰海公司答辩称，"作为拍卖公司，他们已履行了《拍卖法》所规定的全部义务，在拍卖前一个多月刊印的《拍卖图录》上刊登了《业务规则》，作出了免责声明，并在拍卖前 7 日发布拍卖公告，对拍卖标的原件进行了为期三日的展示。拍卖会前，拍卖公司要求包括苏敏罗在内的竞买人办理登记手续，告知《拍卖规则》内容，苏敏罗也书面认可"。翰海公司还提出，拍卖不同于一般的买卖形式，拍卖标的真伪鉴定一直是难题，因此我国《拍卖法》对拍卖人保证拍品真实的义务未作任何规定，该法第六十一条中还特别规定"拍卖人在拍卖前声明不能保证拍卖标的瑕疵，不承担瑕疵担保责任"。[①]

北京一中院审理认为：原告苏敏罗在知晓该"免责声明"并且在竞买前能够充分了解诉争拍品实际状况的情况下，参与竞买并因最高叫价而成为诉争拍品的最终买受人，系其自主决定参与拍卖交易并自主作出选择所产生的结果，固然有可能因诉争拍品系伪作而遭受损失，但亦属艺术品拍卖所特有之现实正常交易风险。

---

① 王文波：《画作真伪非焦点是否免责成关键——苏敏罗诉翰海拍卖公司和萧富元拍卖合同纠纷案一审宣判》，北京市第一中级人民法院网站 2008 年 12 月 15 日（2009 年 3 月 19日），http：//bj1zy. chinacourt. org/public/detail. php？id = 582。

二、制作销售"冒名"作品问题
——以范曾诉盛林虎以临摹品冒充原作案为例

在美术界第一个通过法律手段维护自己正当权益的是范曾先生，原因是未经作者范曾同意，盛林虎临摹范曾绘画作品，作为一种临摹行为，并以营利为目的出售该复制品，侵害了范曾的著作权。这一案例也反映了1990年《著作权法》颁布前，美术家维权的过程。

案情基本情况如下：1988年7月19日范曾向苏州市中级人民法院提起诉讼。诉称盛林虎及上列12家工艺店店主共同以牟利为目的，用"江东范曾"、"抱冲斋主十翼范曾"等落款的赝品画，公开销售，已构成侵犯原告姓名权。盛林虎未经原告授权，私刻原告的印章，盗用原告的姓名，在主观上是故意的；12家工艺店的店主明知盛林虎盗用原告的姓名，私刻印章制作赝品，但为了达到牟利的目的，不惜以鱼目混珠的手段公开出售，欺骗境外人员，他们的侵权行为严重损害了原告艺术作品的声誉，败坏了中国画的名声。被告盛林虎辩称："因非常喜爱范曾的画风和技法，崇拜和仰慕范曾本人，故从1986年夏起专心临摹范的作品。后因家境贫寒、工资收入低、绘画用品如宣纸价格不断上涨等原因，被迫出售仿范曾画100幅左右。现认识到是违法行为，保证今后不再发生此类侵权行为。同时愿意向范曾登报道歉、赔偿损失。"其余被告中绝大多数人否认范曾对他们共同牟利的指控，辩称自己是经过批准、依法纳税并从事合法经营的个体工艺店，所出售的是仿范曾画并非赝品。①

苏州市中级人民法院受理后对本案进行了审理查明，自1986年至1987年，盛林虎根据公开出版发行的范曾画册进行仿画，然后将画芯出售给苏州十全街的个体工艺店。开始盛每幅画芯售价七八元，以后增至十二三元不等。至今盛承认已出售画芯约100幅左右。其他被告将画芯装裱后出售（工本费约13至15元），每幅公开标价几十元至一百几十元不等，

---

① 案件基本情况参见《最高人民法院关于范曾诉盛林虎著作权纠纷一案的复函》及附件，［1989］民他字第55号，1990年11月5日。

个别标价高达六百多元。但出售成交价一般只有 50 元左右。买主大多数是来自日本、中国香港等地的游客。自 1987 年 12 月 3 日以后盛林虎已停止出售仿画。

苏州市中级法院经合议庭评议并提交院审判委员会讨论，对本案的处理有以下两种意见：一种认为，盛林虎模仿范曾的名姓章加盖于仿画，同时又加盖仿章，其行为纯属摹仿性质，对范曾的姓名既无盗用又未假冒，不构成侵权。本案应当驳回原告的诉讼请求。另一种认为，盛林虎未经范曾本人同意，以营利为目的擅自私刻范曾名姓章加盖于仿画，并将其作为商品投入流通市场，其行为属于盗用或假冒范曾姓名的行为。其余 12 名个体工艺店店主以营利为目的出售侵权仿画，也构成侵权。本案应当支持原告的诉讼请求。该院审判委员会倾向于第二种意见。

江苏省高级人民法院的意见：

> 经江苏省高级人民法院民庭和审判委员会讨论研究认为，本案原告的诉讼请求虽然是诉请保护姓名权，但与版权有关，法院应该扩大审理的范围，不能就案审案，以防止出现当事人重复诉讼的情况。

由于此案争议较大，江苏省高级人民法院特意请示了最高人民法院。

最高人民法院关于范曾诉盛林虎著作权纠纷一案的复江苏省高级人民法院请示函内容如下：

江苏省高级人民法院：

> 你院［1989］民请字第 6 号关于范曾诉盛林虎姓名权纠纷一案的请示报告收悉。经研究，我们认为，盛林虎临摹范曾绘画作品是一种复制行为。未经作者范曾同意，以营利为目的出售该复制品，侵害了范曾的著作权，盛林虎应承担侵权的民事责任。根据该案情况，其案由以定著作权纠纷为宜。①

笔者认为，最高人民法院的此封复函是在 1990 年《著作权法》颁布前夕，关于 1990 年《著作权法》立法理念的一种反映。这表现为最高人

---

① 最高人民法院关于范曾诉盛林虎姓名权纠纷案的复函［1989］民他字第 55 号。

民法院关于本案的推导前提上，即认定盛林虎临摹范曾绘画作品是一种复制行为。复制品没有独创性，不是作品，因而不享有著作权。但从 2001 年修订后的《著作权法》来看，由于取消了"临摹"属于"复制"的规定，此案可能不会如此定性。就如江苏省高级人民法院的第一种意见认为的，对中国画的临摹也离不开字、画、印三位一体。缺少其中任何一项，都不能称为是对原作整体的临摹，只是局部。盛在其所有的仿画上均加盖了仿章，明示了仿画的临摹性质，故不构成假冒。而盛在仿画上加盖范名姓章是为了临摹再现原作，显然不属于盗用范的名义，不构成盗用。但并非说此案涉案人员都没有违法行为。从此案的情况来看，笔者认为，问题关键不在于盛林虎临摹范曾绘画作品是否侵权，而在于出售盛林虎临摹品的画店是否是以临摹品的性质卖给买家，是否在出售这些画时指出是临摹品而非范曾先生原作。如果没有指出出售作品是临摹品，那么，这些画店才是范先生著作权的侵犯者。侵犯著作权的活动包括非法的展览和出售行为。当然，若盛林虎在出售这些临摹品给这些画店时，没有向画店明确说明这些是临摹范先生的作品或者说明了是临摹品但纵容画店以范先生的原作名义出售，这也是对范先生著作权的侵犯。

三、 美术作品鉴定问题
——以珠海"黎雄才关山月作品展"假画风波为例

2005 年的珠海市博物馆出现的"国之瑰宝——黎雄才关山月作品展"假画风波凸显了在界定美术作品作者问题上的制度漏洞。笔者有幸作为画家家属律师的助理参与了其中一些法律事物的处理。

围绕珠海市博物馆"国之瑰宝——黎雄才关山月作品展"之中的关黎作品是否是伪作的问题，家属、省美协专家、送展方进行了三次鉴定，围绕这三次鉴定全国各大媒体纷纷进行报道，包括中央电视台、《新华网》、《人民网》、《广州日报》、《南方周末》、《南方都市报》、《北京日报》、《羊城晚报》等。

家属鉴定：2005 年 3 月 12 日，正在该馆举行的"国之瑰宝——黎雄才关山月作品展"展出的 38 幅作品（作者署名为关山月的 4 幅，署名为黎雄才的 34 幅），被在广州闻讯赶来的关、黎后人关怡和黎捷认定全部系他人假冒伪作。关怡等人在观看展览后认为："展出的 38 幅作品存在各种漏洞，完全可以断定并非黎雄才、关山月两位大师的作品。关怡向记者介绍说，38 幅作品中的一部分真品目前正存放于国内其他博物馆中，因此不可能出现在这个展览上。而从这 38 幅作品的画法以及颜料的使用上都可以看出，作品并非出自两位大师之手。此外，印章明显是假冒的，印章所盖的位置以及落款的格式也都跟两位大师的习惯用法不同。"① 据中央电视台《今日说法》栏目报道："据尚馆长（珠海博物馆副馆长）介绍，全部的作品都来自于'国之瑰宝'艺术网。他们双方在展览之前签订过有关的协议。在协议中明确写明保证展出的作品都是真品，这个责任应由国之瑰宝艺术网承担。那么'国之瑰宝'艺术网又是怎样一个网站呢？记者上网查询时发现，这个网站已经被删除了。据了解，'国之瑰宝'艺术网属于广州市国之瑰宝文化传播公司，根据记者在工商部门的查询，国之瑰宝文化传播公司登记的地址就在广州市文德路的金德大厦。但是当我们赶到那里时，才得知国之瑰宝公司早在去年就搬走了。"②

家属请省美协专家鉴定：3 月 24 日下午，广东省文联文艺家权益保障委员会组织一批岭南画家专程到珠海作"现场鉴定"，所有成员均对岭南画派有深入研究并与黎、关两位大师有多年共事经历。包括：广东省美协副主席王玉珏、广州美院国画系主任梁世雄、广州美院国画系副主任陈金章、广州美院关山月研究室主任陈振国等。此外，鉴定还有广东省公证处两名公证员、律师一同参加。据专家在此次《鉴别意见书》中写道：

> 经鉴别，认定这些展品全部是赝品。主要依据和理由如下：
>
> 第一，关于署名"关山月"的 4 幅展品：
>
> 1. 假画完全不是关山月的风格和水平，用笔粗野散乱无力，完全没有关山月用笔沉稳凝重、举力雄健的感觉。

---

① 参见《打大师旗号展出"国之瑰宝" 38 幅作品无一真品》，《央视国际》2005 年 3 月 16 日。
② 《画展疑云》，见中央电视台 2005 年 5 月 8 日《今日说法》。

2. 画面所用颜料质地低下，是市场上买的一般锡管普通材料。关山月用料比较考究，通常都为高级国画颜料、真朱砂、真石黄、石青、石绿。

3. 假画是用普通墨汁，关山月是用古旧好墨由助手研磨后画画，故画面墨色变化微妙，而假画则墨色死板。

4. 假画所用印章与关山月用的印章对比，有的印大小不同，印文粗细，边线的缺损不一样。（另附原印拓印说明）

5. 假画中题为"秋韵"一幅是临摹关先生1997年捐给深圳的"石上泉声带雨秋"。原作现存深圳关山月美术馆。

6. 假画中题为"石上泉声带雨秋"一画是临摹人民美术出版社1993年出版"中国近现代名家画集——关山月"画集108页"险径探泉源"。赝品与画集对照真伪立见。

7. 四幅赝品的假题款，完全不是关先生的手笔，字体不像，功力很差。

第二，关于署名"黎雄才"的34幅展品：

1. 签名做作幼稚。

2. 用红色点藤。黎老从来不用广告色而是纯朱砂色，且点法不对头，显得十分幼稚。

3. 每幅画中的小人、小鸟、小猴子等均画得十分幼稚。

4. 从整幅画看显得僵硬，没有气，特别画远山更是死色一片，不生动。

5. 其中一幅丈二大的巨幅，假得十分特殊，画题是"江流天地外，山色有无中"（王维诗句）。黎雄才过去确实画过这个题目的画，但都是五尺左右，从未画过丈二大幅，黎雄才画的十分有意境的大平原中江流流到天地交界处无限的感觉，在一片大平原中远山朦朦地若隐若现，这才是王维诗中意境，而展出这幅大画前面是一大松树，后面是二座大山，一条小水从左下角流出，完全不是王维诗中意境，显得作伪画者文化水平低下。

6. 所有画都是在黎雄才的画集中东抄西拼而成，其中一幅的山是黎雄才"庐山仙人洞"中的山，伪作者把该山临摹过去变成是南岳的山。

7. 一幅白猿也伪得出奇，该白猿是从北方画家中画猿的方法照抄过来，根本不是岭南派画家画猿的表现手法，且黎老从未画过白猿。

8. 黎老画松是十分生动有力，但伪画中的松树，对黎老的松树抄都抄不对头。①

送展方请北京专家鉴定：4月26日，藏家陈瀚文带着参展作品中的12幅黎雄才作品到北京请权威专家鉴定，全部被认定为真品，其中还有两幅被国家博物馆收藏。据报道，"参加此次鉴定的专家包括，国家近现代书画鉴定委员会副主任史树青，中国美协书画鉴定委员会主任杨新，故宫博物院研究员杨臣彬，中央美术学院教授薛永年，中国美术馆研究员刘曦林，中国《美术》杂志主编王仲，都是国内权威的书画界专家。"② "鉴定会现场，多位专家经过鉴定，最终得出结论，12幅画作全是真品，有的还是精品，这即使在两位大师的馆藏作品中，都是不多见的。中国国家博物馆当即决定，收藏其中两幅画作。据了解，中国国家博物馆开馆以来，之前只有5次接受社会捐赠，这是第6次。"③ 黎、关一方的代理律师江国勇表示，北京专家的鉴定在法律上来讲应该是不能作为证据的。因为它违背了取证的"原始性"原则，没有在展览举行的珠海博物馆鉴定，也没有第三方在场。目前无法证明拿到北京鉴定的就是曾经在珠海展出的作品。④

4月，"国之瑰宝"艺术网负责人林建军以名誉权被侵犯为由，起诉黎雄才之子黎捷、关山月之女关怡，索赔315元。但江国勇律师认为，即使展览中有真的作品，对方提出"侵犯名誉权"的说法也不一定成立。因为作为权利人的家属，有对这些画作的真伪作出澄清的权利。⑤

综观整个事件的经过，我们可以发现鉴定问题是双方以及社会公众关注的焦点。所谓鉴定，一般分为请专家鉴定和画家及家属鉴定两种，那

---

① 《鉴别意见书》由关黎家属所请律师江国勇先生提供。

②③ 王锋：《珠海"假画"事件再起波澜》，新华网，2005年5月16日；http：//news. xinhuanet. com/collection/2005－05/16/content_2965759. htm。

④⑤ 《珠海博物馆假画事件追踪》，《央视国际》2005年5月18日；www. cctv. com/art/ 20050518/101485. shtml。

么，谁的鉴定是权威鉴定呢？什么人才是"专家"？专家要通过什么程序鉴定？鉴定结果有什么效力？又该对鉴定结果负什么责任？画家本人及家属到底有没有权利参与作品鉴定？其效力又如何？应不应该负法律责任？

关于此案，中国社科院法学研究所知识产权中心李明德研究员认为："鉴定是一个非常复杂的问题，法官肯定不是鉴赏家。如果说在进入司法程序之后，法院可以委托相关的权威机构或者行业协会去做鉴定，再由法院依据这样的鉴定作出裁定。""仿冒书画情节严重的可能触犯刑律，几年前曾有画家大量仿制、贩卖张大千的作品，法院按照《刑法》中侵犯知识产权罪及诈骗罪判处其有期徒刑6年。规范这个行业已经是迫在眉睫。"①

关于此案，中国社会科学院知识产权中心周林研究员认为："在鉴定界不存在通才，你看得好齐白石的东西但是你不一定看得好关山月的。国外只有少数的一个或几个专攻这个人的鉴定家，他说的才比较可信。同样，家属也不一定是最权威。"周先生还提出："现在对中国画的真伪鉴定，照片、画册、图录都是一个旁证，但是最有效的是规范的销售合同、代理商出具的发票、作品编号、特殊的印迹基因等。"②

笔者认为，作者本人及家属的鉴定有一定参考性，我国《民事诉讼法》第七十条规定："凡是知道案件情况的单位和个人，都有义务出庭作证。"在美术作品交易中作者及家属因熟悉艺术风格及技法③，其鉴定也颇为收藏界认可。但是，由于作者及家属很可能是利益相关方，故其鉴定有可能失掉中立性，有时又值得怀疑。特别是有些画家对于早期不成熟作品持有否定的习惯，使其鉴定也颇受怀疑。那么，其他所谓"鉴定专家"是否可称为权威呢？笔者认为，正如周林先生所说，鉴定不存在通才，关键在于"专攻"。我国《民事诉讼法》（2007修正）第七十二条规定："人民法院对专门性问题认为需要鉴定的，应当交由法定鉴定部门鉴定；没有法定鉴定部门的，由

---

① 西寻：《画展疑云》，见中央电视台2005年5月8日《今日说法》节目。
② 西寻：《画展疑云（二）》，见中央电视台2005年6月7日《今日说法》节目。
③ 正如陈半丁先生之子陈燕葆在接受采访时所讲："我虽没有从事与书画有关的工作，但是对我父亲的绘画作品是熟悉的。对于他绘画的题材，作画时用笔、用墨、用色、章法布局，还有落款、钤印都是非常了解的。别的画家的作品我无法鉴定，但是对我父亲的画作我还是可以看出真伪的。"见《谁对书画作品拥有鉴定权》，《中国书画》2005年第6期。

人民法院指定的鉴定部门鉴定。"可见，人民法院对于鉴定部门具有指定权利，因而，不存在不能鉴定的疑问，只是鉴定权威性有多少的问题而已。

四、美术作品"被出版"问题
——多起名家"冒名"假画册案例

美术作品"被出版"画册本是一件值得庆祝的事情，但近年来美术作品交易中多了不少"假画册"证"真画"的案例，"被出版"的画家更是痛心疾首，纷纷出来证伪。"假画册"已成为美术作品造假售假链条上的重要一环，如同"洗钱"一般，把"黑的"逐渐洗成"白的"，而这背后却是画家与收藏者的巨大精神与物质损伤。

据《南京日报》报道[①]，江苏画坛工笔花鸟画领军人物喻继高先生就曾"被出版"了一本印刷精美、装帧专业的画册。封面一幅喻先生代表作《荷塘鸳鸯》，旁题画册名《喻继高工笔花鸟画集》，下署"浙江人民出版社"。首页照片中正是喻先生。书末版权页上，"图书在版编目（CIP）"、发行、经销、制版、印刷、印数、定价等合法出版物必备的条目清清楚楚，一样不缺"。喻继高说："从封面的《荷塘鸳鸯》到封底的《牡丹白鸽》，这本画册上所有的 44 幅画全部是赝品。花鸟画是很讲究远近层次的，而这张画里鹤在荷花前，荷花却和仙鹤一般大小，造假者连基本画理都不懂，完全是胡乱拼凑，相当低劣。"更令喻继高气愤的是，画册中有 8 幅作品上分别冒充了武中奇、黄养辉和刘海粟的题跋。"我画画从来不会找一些老先生题跋的，刘海粟先生去世前很长时间没见过我，何来为我的画题跋？"喻先生说："造假者不但伤害了他，还损害了已故画家的名誉，真是道德沦丧。"给喻老看这本画册的是他的老朋友，对喻氏作品的艺术特色有着深入研究的美术评论家纪太年先生。"前些天，有位企业家朋友让我欣赏他刚刚花数十万元巨资收藏的一幅署名喻老的作品。我一看这张《樱花飞鹊》画面呆板，构图混乱，设色恶浊，是百分之百的赝品。"纪太

---

① 余方：《喻继高遭遇"造假高手"愤怒揭黑》，《南京日报》2006 年 8 月 22 日；余方：《喻继高呼吁造假者回归正途》，《南京日报》2006 年 8 月 23 日。

年回忆，当时自己指出不对后，这位朋友立马拿来这本画册说："怎么可能是假的？看，浙江人民出版社出的画册上都有注录。"纪太年告诉记者："我接过一看，傻了，全是假的！而且还煞有介事地把我的《美的制造家》一文编成序言。事态严重，我立即致电浙江人民出版社，他们表示根本没有替喻老出过画集，所以这很可能是不法分子为了卖假画而伪造的假书。"记者随后致电浙江人民出版社，一位姓谢的负责人让记者将版权页上的 ISBN 编码报一遍，刚报了几个数，她就表示浙江人民出版社的条码是 7—213 开头，画册上的"7—805"绝对不是他们的。对此事件，喻先生深感痛心："如果政府再不出台相应的法律法规来规范目前鱼龙混杂的中国美术作品市场，并严格法律责任，那么中国美术作品市场的萎缩是显而易见的。"

著名国画家何水法先生也曾遭遇"假画册"事件[①]。2005 年何先生发现了一本《何水法写生集》，经核对，竟发现此画册的封面、封底、开本、装帧、前言页、版权页、条形码与真画册均无二致，唯独那本画册中所登载的作品内容页完全不同。一眼看去，根本分不出两本画册有什么不同，而当翻开内页，才发现里面的作品是完全不同的。如真的那本《何水法写生集》第二页上的作品是《春风折枝》，而假的那本第二页相同的版面位置上的图却是《牡丹花》。还有真的画册只有 34 页，假的画册却有 45 页之多。真的画册定价标的是 36 元，假画册的定价为 56 元。那么，是什么人如此"好心"，特意为何老师出版了这"第二本"画册呢？原因就在于很多藏家偏爱收藏画家们曾出版过或参展过的作品，所以才有一些不法分子挖空心思制作这样的假画册来抬高假画的"身价"！同时，何水法老师还曾"被出版"过一套明信片，这套假明信片顶着"浙江人民出版社"的头衔。"浙江在线"记者当即请教了浙江人民出版社的办公室副主任王志坚，他告诉记者，他们出版社在 90 年代以后就没有出版过明信片，这套"出版"于"2005 年 2 月"的明信片显然是假冒的！王志坚又指着封

---

① 童丽莉：《真画家怒揭假画册黑幕》，浙江在线新闻网站 2005 年 9 月 12 日，http：//www.zjol.com.cn/05culture/system/2005/09/12/006300879.shtml。

套上的一行小字说，他们出版社没有所谓的编辑"方成"，另外杭州只有新华印刷厂，没有"新华美术印刷厂"，如果有，也不曾和他们发生过业务联系！何水法愤怒地说："这种卑劣的行为，不仅侵犯了画家和出版社的声誉和知识产权，也严重扰乱了我国书画美术作品市场的正常发展，给文化产业的繁荣带来了危害。"所以，他要挺身呼吁，不法分子花招多端，书画收藏爱好者一定要擦亮双眼，通过正规渠道进行书画美术作品交易。

笔者在参与珠海博物馆"国之瑰宝——黎雄才关山月作品展"假画事件的调查中也曾亲眼见识了由某著名美术出版社出版的黎雄才画集，书中既有假画也有真品，假假真真、真真假假很难辨别，"国之瑰宝——黎雄才关山月作品展"中就展出了很多假画册中的作品。对于这本画册中的作品，谭明礼和黎老生前助手黎振东等人认为，只有一张《春山晓雾》能认定是真的。据黎雄才的夫人谭明礼说："2002年的一天，人民美术出版社的编辑王玉山同一位名叫陈廷儒的人来到家中，说打算出一本黎老的画册，希望能够取得家属的同意。我当时告诉他们说，我没有看过这些画，就算看过，我不是行家，也不能包这些画的真假。后来王玉山说，人民美术出版社很注重自己的声誉，不会随便印画册。我当时也是一时糊涂，自己相信'人美'的信誉，因此就写了一份材料：本人同意由劲松书舍陈廷儒先生筹集，为缅怀黎雄才先生逝世一周年作品集萃，由人民美术出版社予以出版发行。写了这份材料之后，直到画册出版，一张画都没看到。"①

---

① 《珠海博物馆假画事件追踪》，央视国际，2005 年 5 月 18 日，www.cctv.com/art/20050518/101485.shtml。

第三章 原因：美术作品作者财产权制度的无效率

制度的使用范围极其广泛，大至国家机关小至企业部门。经济中的制度因素也无时无刻不在影响着经济中的当事人。制度规定着当事人的思维方式，制约着当事人的行为。那么，制度是什么？新制度经济学家诺斯曾在《制度、制度变迁与经济绩效》一书中认为："制度是一个社会的游戏规则，更规范地说，它们是决定人们的相互关系的系列约束。制度是由非正式约束（道德的约束、禁忌、习惯、传统和行为准则）和正式的法规（宪法、法令、产权）组成的。"① 对于制度的作用，诺斯认为："制度提供了人类相互影响的框架，它们建立了构成一个社会，或确切地说一种经济秩序的合作与竞争关系。""制度是一系列被制定出来的规则、守法秩序和行为道德、伦理规范，它旨在约束主体福利或效用最大化利益的个人行为。"② 新制度经济学认为，制度有以下几个功能：一是降低交易成本，二是为现实合作创造条件，三是提供人们关于行动的信息，四是为个人选择提供激励系统，五是约束主体的机会主义行为，六是减少外部性。总之，设立制度为的是调节行为，规范关系，形成稳定的社会秩序和整合统一的社会力量，促使现实向人所希望的方向发展。③

财产权制度是调整财产关系的法律制度，有效的财产权制度能够消除或减弱有损于交易的"不确定性"，降低阻碍合作的"外部性"，鼓励合作，促进交易，实现资源的最佳配置和最优利用，从而实现经济增长。财

---

① ［美］诺斯著，刘守英译：《制度、制度变迁与经济绩效》，上海三联书店 1994 年版，第 3 页。

② ［美］诺斯著，陈郁等译：《经济史中的结构与变迁》，上海三联书店、上海人民出版社 1994 年版，第 225—226 页。

③ 卢现祥：《新制度经济学》，武汉大学出版社 2004 年版，第 136—141 页。

产权制度在大陆法系表现为物权和债权二元结构，它们分别调整物的静态占有和动态流转关系。① 财产权制度包括财产权的初始界定、财产的交易制度以及财产权侵权救济制度。一个社会财产权制度是否有效，取决于有关财产权的排他性和财产交易的自由性是否得到了充分而有效的保护。

第一节 分析工具：制度的经济分析

科斯代表作《社会成本问题》一文，于 1991 年获诺贝尔经济学奖，此后，西方及我国学者纷纷进行研究，发表了大量介绍和评论文章。科斯被一些学者称为新制度经济学的始祖。此文原载于美国《法学与经济杂志》第 3 卷（1960 年 10 月），1994 年上海三联书店、上海人民出版社出版的《财产权利与制度变迁》一书将该译文收录。在此文基础上，西方逐渐发展出产权经济学派和现代制度经济学派。

《社会成本问题》的中心思想是："在交易费用大于零的条件下，如果法律在伤害被伤害的外部性问题上，对于生产要素的使用权的初始界定不合理，需要改变和重组时，要耗费以交易费用为核心的各种社会成本（市场交易费用、企业组织费用、政府行政管理费用以及制度成本等）。所以，法律的初始界定应该慎重，要从降低交易费用、资源优化配置及产值最大化的要求出发。② 这就是说，在交易费用大于零的条件下，法律对生产要素使用权的界定是否合理，决定着改变产权界定或产权重组时的交易费用高低和资源配置是否优化。所以，法律对产权界定要谨慎，要尽可能降低交易费用和符合资源配置产值最大化的要求。

科斯产权理论的最重要贡献正如他在 1991 年 12 月获诺贝尔经济学奖时评委会评语中所指出的："发现和解释了财产权和商业经营管理成本如何影响经济。"因为，亚当·斯密古典经济学和以马歇尔为代表的新古典

---

① 越来越多的权利已不能仅仅限于在"绝对性的物权"或"相对性的债权"中寻找其法律性质，而是表现为包含着多种财产利益的综合权利。

② 刘桂斌、刘勤：《产权经济学新论》，人民出版社 2007 年版，第 104 页。

经济学那里，认为资源配置从来只是依靠市场，通过相对价格的变化，引导资源投向收益最大的方向，不曾谈到有什么交易费用和产权的法律界定和重组会影响资源配置的效果。而科斯却第一次揭示了交易费用、产权和经济效益三者关系的内在联系，其中以节约交易费用为核心，以法律对产权界定和调整为前提，以实现高效资源配置为目标。

科斯运用交易成本理论分析法律制度对资源配置的影响，提出了权利的界定与权利的安排在经济交易中的重要性。交易成本（交易费用）理论得到发展，科斯定理（CoaseTheorem）开始形成。

"科斯定理"[①]并非科斯本人首先使用，不同的经济学家由于理解上的差异而在表述上并不完全一致，科斯本人又不愿对此作出解释，因此对科斯定理的表述很多，却没有规范和权威的表述。科斯定理体现了产权安排、交易费用与资源配置的关系，我国学者黄少安[②]将其总结成三个定理组成的定理组：科斯第一定理，如果市场交易费用为零，不管权利初始安排如何，当事人之间的谈判都会导致那些使财富最大化的安排，即市场机制会自动地驱使人们谈判，使资源配置实现帕累托最优。如果资源产权的初始安排就能保证最优配置，那么产权交易就没有必要。由于市场交易费用为零，使权利的初始安排向新的安排（人们交易产权）转变变得没有阻力和代价。这样，即使初始安排对于实现资源配置的帕累托最优来说是不合理的，市场机制也会自动地无代价地改变这种初始安排，配置到需要的领域和最有用的人手里。这种重新安排没有改变财富分配的格局。科斯第二定理，在交易费用大于零的世界里，不同的权利界定会带来不同效率的资源配置。也就是

---

① 科斯定理存在许多谬误，假定交易成本为零和使用帕累托作为效率标准都是正统经济学的理论前提，科斯用正统经济学的假设讨论资源配置的效率问题，是不恰当的。正统经济学家在此假设前提下讨论资源配置的效率问题，从来不涉及产权安排即不涉及制度本身。而科斯既然把产权制度作为讨论资源配置效率问题的内容，而不是作为讨论的前提，那么不管产权制度是否影响资源配置效率，都已经使主题和角度发生了改变。在第二和第三定理中科斯又回到了交易费用为正的世界，但分析问题的方法论又与第一定理是一致的，继续沿用帕累托最优作为效率标准。另外科斯的产权没有与公平联系起来，公平问题影响产权的效率，而科斯忽视了这个问题。科斯对经济学的贡献，"与其说是告诉了人们某些结论，不如说是激发了其他人的灵感"。参见盛洪《现代制度经济学》，北京大学出版社 2003 年版，第 7 页。

② 黄少安：《产权经济学导论》，经济科学出版社 2004 年版。

说，由于交易是有成本的，不同的产权制度下交易成本不同，从而对资源配置的效率有不同影响。所以为了优化资源配置，法律制度对产权的初始安排和重新安排的选择是重要的。科斯第三定理，如果没有产权的界定、划分、保护、监督等的规则，即如果没有产权制度，产权的交易就难以进行，即产权制度的提供是人们进行交易、优化资源配置的前提。

制度的经济分析正是建立在新制度经济学基础上的，特别是"交易成本"理论。交易成本、最大化、均衡、效率是制度经济分析的基本概念，而"成本—收益"分析和"需求—供给"分析则是制度经济分析的基本工具和方法。

一、几个基本概念：交易成本、最大化、均衡、效率

交易成本概念是对法律进行经济分析的基础，没有交易成本概念的提出就不会有法经济学的存在。"最大化"是依据"经济人"对法律进行经济分析的前提假设，均衡分析是分析决策人之间关系的基本方法，效率是法律经济分析的最终指向。

（一）交易成本

"交易成本"的概念已被学术界广泛采用，但对其定义却仍有争议，一个较为流行的定义是："交易成本包括事前发生的成本、事后发生的为达成一项合同而发生的成本和事后发生的监督、贯彻该合同而发生的成本；它区别于生产成本，即为执行合同而发生的成本。"[①] 交易成本很大部分是信息不完全而需要获取这些信息造成的，但信息成本与交易成本有所区别，信息成本的范围大于交易成本，信息成本包括获得人与物质世界打交道之成本和人与人打交道之成本，而交易成本主要是人与人打交道时发生的成本。

（二）最大化

效用"最大化"是"经济人"从事某项社会行为所追求的，效用的

---

① R. Matthews: "*The Economics of Institutions and the Sources of Growth*", Economic Journal, 1996（12），903 – 910.

来源可以是市场上的商品或劳务，也可以是声望、尊严等其他一些非货币因素。最大化来自"经济人"假设。自亚当·斯密古典经济学诞生以来，经济人一直是经济学理论的出发点。"经济人"至少包含三个基本命题：一是自利，即追求自身利益是驱策人经济行为的根本动机；二是理性行为，经济人是理性的，能根据市场情况、自身处境和自身利益作出判断，并使自己的经济行为适应于从经验中学到的东西，从而使所追求的利益尽可能最大化；三是只要有良好的法律和制度保证，经济人追求个人利益最大化的自由行动会无意识地、卓有成效地增进社会的公共利益。[1]

（三）均衡

现代微观经济学的重大成就之一就是说明了追求效用最大化的消费者和追求利润最大化的厂商的独立决策将在所有市场上同时导致建立必然的、自发的均衡的条件。也就是说，经济人都追求效用最大化就可以实现总体效用的最大化，实现均衡。这种均衡行为就是所谓一般均衡。但一般均衡出现的条件是所有市场都是完全竞争且不存在市场失灵，现实社会中不可能存在一般均衡，只是在市场经济的非均衡中，存在某种实现均衡的趋势和打破均衡的趋势，这两种趋势共同作用。在信息不对称的状态下，一般均衡是无法实现的，"囚徒困境"[2] 揭示了这一点。"囚徒困境"说明从利己目的出发，结果损人不利己，既不利己也不利他，只有合作才是最有利的。由此可见，"市场至上"的决策人自由选择不一定导致"最大

---

① 钱弘道：《经济分析法学》，法律出版社 2005 年版，第 159 页。
② 经典的囚徒困境如下：警方逮捕甲、乙两名嫌疑犯，但没有足够证据指控二人有罪。于是警方分开囚禁嫌疑犯，分别和二人见面，并向双方提供以下相同的选择：若一人认罪并作证检控对方（相关术语称"背叛"对方），而对方保持沉默，此人将即时获释，沉默者将判监10 年。若二人都保持沉默（相关术语称互相"合作"），则二人同样判监半年。若二人都互相检举（互相"背叛"），则二人同样判监 2 年。两名囚徒由于隔绝监禁，并不知道对方选择；而即使他们能交谈，还是未必能够相信对方不会反口。就个人的理性选择而言，检举背叛对方所得刑期，总比沉默要来得低。二人面对的情况一样，所以二人的理性思考都会得出相同的结论——选择背叛。以全体利益而言，如果两个参与者都合作保持沉默，两人都只会被判刑半年，总体利益更高，结果也比两人背叛对方、判刑 2 年的情况较佳。但根据以上假设，二人均为理性的个人，且只追求自己个人利益。均衡状况会是两个囚徒都选择背叛，结果二人判决均比合作为高，总体利益较合作为低。这就是"困境"所在。

化"，必须有外力——政府来加以干预，才能达到整体"最大化"。

（四）效率

效率在最一般意义上指的是现有生产资源与它们所提供的人类满足之间的对比关系。在经济学中，"效率"指的是"帕累托效率"。"帕累托效率"（帕累托最优）描述的是一种在经济资源既定时不可能生产出更多的一种商品而不少生产另一种商品或不可能使一个人的福利增加而不减少另一个人的福利的均衡状态。效率是法经济学的基本概念，无论是波斯纳的《法律的经济分析》[①]，还是考特的《法和经济学》[②]都是使用的效率概念。效率原理在法经济学中有两个基本作用：一是国家是否运用法律手段干预经济生活的依据；二是权利保护方法的确定也应依据效率原理。

二、产权的初始界定

"产权"的英文术语是 propertyright 或者 propertyrights，任何一个国家的法律都没有明确规定这一概念的含义。《牛津法律大辞典》认为，产权"亦称财产所有权，是指存在于任何客体之中或之上的完全权利，它包括占有权、使用权、出借权、转让权、用尽权、消费权和其他与财产有关的权利"[③]。作为产权经济学的创始人科斯，甚至没有明确定义过产权。登姆塞茨认为："产权是一种社会工具，其重要性就在于事实上它们能帮助一个人形成他与其他人进行交易的合理预期。这些预期通过社会的法律、习惯和道德得到表达。产权的所有者拥有他的同事同意他以特定的方式行使的权力，产权包括一个人或其他人受益或受损的权利。"[④]阿尔钦将产权界

---

① ［美］理查德·A. 波斯纳著，蒋兆康译：《法律的经济分析》，中国大百科全书出版社1997 年版。

② ［美］罗伯特·D. 考特、托马斯·S. 尤伦著，张军等译：《法和经济学》，上海三联书店、上海人民出版社 1994 年版。

③ ［英］沃克著，北京社会与科技发展研究所译：《牛津法律大辞典》，光明日报出版社1988 年版，第 729 页。

④ ［美］H. 登姆塞茨：《关于产权的理论》。参阅《财产权利与制度变迁——产权学派与新制度学派译文集》，三联书店、上海人民出版社 1994 年版，第 97 页。

定为"一个社会所强制实施的选择一种经济品的使用的权利"①。

我国学者黄少安认为产权"简言之，就是对财产的权利，亦即对财产的广义的所有权——包括归属权、占有权、支配权和使用权；它是人们（主体）围绕或通过财产（客体）而形成的经济权利关系；其直观形式是人对物的关系，实质上都是产权主体（包括公有主体和私有主体）之间的关系"②。产权的定义很多，一个被罗马法、普通法、马克思和恩格斯以及现行法律和经济研究者基本同意的产权定义为：产权不是人与物之间的关系，而是指由物的存在及关于它们的使用所引起的人们之间相互认可的行为关系。③

根据"科斯定理"，在存在交易成本的条件下，法律对权利的初始界定具有重要意义。从对资源最优化配置的立场出发，选择合适的权利初始界定，故立法机关在制定法律、法院在判决案件时，应充分考虑效率原则。"权利应该让与那些能够最具生产性地使用权利并能够激励他们这样使用的人，而且要发现和维持这种权利分配，就应该通过法律的清楚确定，要求保护权利让渡的法律不太繁重，从而使权利让渡的成本比较低。"④

三、制度的"成本—收益"分析

制度（法律）的经济分析是建立在一定分析工具基础之上的，考特和尤伦曾在《法和经济学》一书中写道："对我们的法律分析最有用的经济学分支是微观经济学。"⑤ 制度的"成本—收益"分析与"需求—供给"分析是最基本的分析工具。

"成本—收益"分析的基本原理是对某项制度所需要的直接和间接社

---

① ［美］A. 阿尔钦：《产权：一个经典注释》。参阅《财产权利与制度变迁——产权学派与新制度学派译文集》，三联书店、上海人民出版社 1994 年版，第 166 页。

② 黄少安：《产权经济学导论》，经济科学出版社 2004 年版，第 65 页。

③ 卢现祥：《新制度经济学》，武汉大学出版社 2004 年版，第 64 页。

④ 钱弘道：《经济分析法学》，法律出版社 2005 年版，第 158 页。

⑤ ［美］罗伯特·D. 考特、托马斯·S. 尤伦著，张军等译：《法和经济学》，上海三联书店、上海人民出版社 1994 年版，第 21 页。

会成本同可直接和间接得到的收益尽可能用货币分别进行计量，以便从量上进行分析对比，从而权衡得失。制度"成本"是制度运作整个状态过程所付出的代价，抽象地说包括占用的时间和空间，具体包括各种人力、物力和财力的耗费。制度的"收益"包括制定制度、执行制度以及遵守制度过程中的全部净增收入。在成本相同的情况下，比较收益的大小；在收益相同的情况下，比较成本的大小；当成本与收益都不相同的情况下，以"成本"与"收益"的比率和变化关系来确定。

"成本—收益"分析可用于评估一项制度的社会经济价值，比较几项制度的社会经济收益的差别，分析同一领域不同制度的社会经济收益，为决策提供参考。"成本—收益"分析作为制定和执行法律法规的基本原则和分析方法，并以收益超过成本以及社会净福利最大化作为衡量管制绩效的标准。"成本—收益"分析将市场配置资源的方式引入政府公共政策领域，"成本"最小化和"收益"最大化成为制定公共政策的约束条件。

从制度变迁过程来讲，当制度创新主体认识到新制度带来的潜在"收益"大于制度变迁的"成本"时，制度创新主体就会实施制度变迁。当能为创新主体带来潜在收益的制度不止一个时，制度创新主体也要进行"成本—收益"比较，从可供选择的制度集合中选取能给它带来最大净收益的那种制度。

从当事人对制度的选择来看，只有采用此项制度处理某问题的"收益"大于"成本"时，当事人才会采用此项制度。如果某项制度的"成本"远大于"收益"，那么，此项制度在无其他压力的情况下是得不到真正执行的。

四、制度的"需求—供给"分析

"需求—供给"分析是正统经济学理论分析经济问题的最主要方法，当供给与需求的力量可以自由发挥作用时，价格是稀缺程度的度量。"当一家厂商所使用的资源价格很高时，该厂商就有节约使用这种资源的激励。当厂商的一种产品的价格很高时，该厂商就有节约使用这种资源的激励，而消费者则有减少使用这种产品的激励。通过这种方式，价格为我们的经济系统提供了有效使用资源的激励机制。"[①]

就制度变迁与创新而言,当制度需求和制度供给相等时,它们处于"均衡状态",即人们对既定制度安排和制度结构的一种满足状态或满意状态,因而人们无意也无力改变现行制度。均衡状态只是一种理想状态,一般情况下,"需求—供给"是不平衡的,即人们对现存制度不满意,欲改变现存制度或引入新制度,那么,就要依据"成本—收益"分析对多项制度作出选择,选择其中净收益最大的那项作为新制度。

就制度的"消费"来讲,人们在选择用什么制度来解决某个问题时,肯定会选择价格较低的。价格较低通常意味着供给大于需求。反之,当处理某问题的方式有多个制度选择,也就是供给大于需求时,存在价格竞争,通常价格会低一些。

第二节　美术作品作者财产权初始界定不清

根据"科斯定理",在交易费用大于零的条件下,法律对生产要素使用权的界定是否合理,决定着改变产权界定或产权重组时的交易费用高低和资源配置是否优化。所以,法律对产权界定要谨慎,要尽可能降低交易费用和符合资源配置产值最大化的要求。

一、受政府部门委托创作的革命或公益美术作品著作权归属

"委托作品"是指作者接受他人委托而创作的作品。委托作品的创作基础是委托合同,既可以是口头的,也可以是书面的;既可以是有偿的,也可以是无偿的。"委托作品"应体现委托人的意志,实现委托人使用作品的目的。本来我国《著作权法》对于受委托完成的公益或革命题材作品之著作权和所有权是界定非常清晰的。现行《著作权法》第十七条明文规

---

① [美] 斯蒂格利茨、沃尔什著,黄险峰、张帆译:《经济学》,中国人民大学出版社2005年版,第67页。

定："受委托创作的作品，著作权的归属由委托人和受托人通过合同约定。合同未作明确约定或者没有订立合同的，著作权属于受托人。"

生活中，"委托作品"与"职务作品"经常混在一起。"职务作品"是指公民为完成法人或者其他组织的工作任务所创作的作品。其特征是：1. 创作作品的公民与所在法人或其他组织之间存在劳动或聘用关系；2. 创作完成作品是公民的工作任务，即属于公民在该单位中应当履行的职责。"工作任务"有时是具体的，明确指示公民创作一幅作品；有时是笼统的，由劳动合同、岗位责任制、聘用手续等作概括性规定。

新中国成立至今，相当一批美术作品作者是领取工资的机关、团体、企业、事业单位的工作人员，从事美术作品的创作活动是其本职工作或者工作任务。上述美术作品作者在任职期内，为完成本职工作所创作的作品，著作权归谁所有，由谁行使，是一个比较复杂的问题。其复杂性主要是因为：1. 作品类型；2. 作者与单位的关系；3. 创作所借助的单位条件。有的作品属于大型合作作品，有的属于小型草图；与单位关系有的紧密，有的比较松散，有的隶属性强，有的比较自由；在创作时间上，有的是工作时间，有的是利用业余空闲；创作所借助的条件有的需要借助法人单位的人力、物力及财力，有的基本上不需要单位提供物质帮助。因此，很难对职务作品著作权的归属作出简单划一的规定。我国《著作权法》（2010年）第十六条第一款规定：公民为完成法人或者其他组织工作任务所创作的作品是职务作品，除本条第二款的规定以外，著作权由作者享有，但法人或者其他组织有权在其业务范围内优先使用。作品完成两年内，未经单位同意，作者不得许可第三人以与单位使用的相同方式使用该作品。第二款规定：有下列情形之一的职务作品，作者享有署名权，著作权的其他权利由法人或者其他组织享有，法人或者其他组织可以给予作者奖励：（一）主要是利用法人或者其他组织的物质技术条件创作，并由法人或者其他组织承担责任的工程设计图、产品设计图、地图、计算机软件等职务作品；（二）法律、行政法规规定或者合同约定著作权由法人或者其他组织享有的职务作品。《著作权法实施条例》第十一条规定：著作权法第十六条第一款关于职务作品的规定中的"工作任务"，是指公民在该法人或者该组织中应当履行的职责。著作权法第十六条第二款关于职务作品的规定中的"物质技术条件"，是指该法人或者该组织为公民完成创作专门提供的资金、设备或者资料。但由于我国没有著作权传统，直到1990年才通过了《著作权法》，而且很多革命或公益作品在创作时根本就没有签订书面合同，很多个人作品和"委托作品"、"职务作品"不严格区分，很难分清。有些革命、公益作品是在计划经济下创作的，很多人（包括一些博物馆）从而也把这些美术作品给"大公无私"了。

前文中围绕油画《毛主席去安源》的五个案例，应堪称"经典"。它充分考虑了我国"文革"前后的实际国情，成功地分离了"红色经典画作"的所有权与著作权，既保护国有产权，也尊重和保护了美术作品作者的著作权。为中国现存的一系列"红色经典"开创了一个较好的典范。

"五羊雕塑"系列侵权案也集中反映了公益美术作品著作权"职务作品"的问题。有很多广州市民和商家就认为"五羊雕塑"是一种公共资源。立于广州越秀山上的"五羊石像"就是广州古老文化历史的象征，而且广州很多本地知名企业，商标中带有"五羊"，如"五羊"油漆、"五羊"雪糕、"五羊"自行车、"五羊"收音机、"五羊"摩托车、"五羊"电风扇等，用"五羊"注册的产品达到百余个之多。法院的审判就在法律上起到了确定权利的作用。

二、为行使著作财产权而保护美术作品原件完整的权利

我国著作权法对保护作品完整权的规定体现在第十条第（三）、（四）项和第三十四条、第四十七条第（四）项等之中。我国《著作权法》第十条第（四）项规定："保护作品完整权，即保护作品不受歪曲、篡改的权利。"与此相对应的是第十条第（三）项规定："修改权，即修改或者授权他人修改作品的权利"，保护作品完整权与修改权都属于著作人身权，是一个问题的两个方面，从正面讲作者有权修改自己的作品，从反面讲作者有权禁止他人进行修改、增删或者歪曲自己的作品①。第三十三条规定：

---

① 郑成思：《版权法》，中国人民大学出版社1997年版，第147页。

"图书出版者经作者许可，可以对作品修改、删节。报社、期刊社可以对作品作文字性修改、删节。对内容的修改，应当经作者许可。"第四十七条第（四）项规定"歪曲、篡改他人作品的"属于侵权行为，"应当根据情况，承担停止侵害、消除影响、赔礼道歉、赔偿损失等民事责任"。《伯尔尼公约》第六条之二规定："不受作者财产权的影响，甚至在上述财产权转让之后，作者仍保有主张对其作品的著作者身份的权利，并享有反对对上述作品进行任何歪曲或割裂或有损于作者声誉的其他损害的权利。"

在大陆法系国家，著作人身权利不仅与财产权利（使用权与获得报酬权）密不可分，而且人身权利是作者权利的根本和核心，是财产权利的基础。在法国，保护作品完整权是无可非议的。一部作品一旦公之于众并被公认为某一位艺术家所创作，该艺术家就有权使该作品的完整性得到保护。例如，一艺术家在一个电冰箱的外壳上作画，并把所作的画与电冰箱看作"一件不可分割的艺术作品"，那么，以后即使该冰箱被拆散，艺术家也有权阻止出售被切割出来的冰箱外壳板①。在美国，《视觉艺术家权利法》赋予了艺术家"禁止对已得到承认的作品的破坏行为"的权利。加利福尼亚州规定，除了艺术家本人对其创作的作品随意处置以外，其他任何人不得故意磨损、割裂、篡改或毁坏一件纯艺术作品②。此州法律还规定，若该作者不愿意出面而其作品又具有重大的社会影响，公众代表可以出面提出诉讼以取得禁制令，或取得损害赔偿和罚款，一旦取得罚款，法院将选择一家纯艺术慈善机构或教育机构来接收这笔款项③。

保护作品完整实质关涉两个方面的内容：其一是作品本身遭受了改动，又包括毁坏和修改两种情形；其二是作品本身并没有被改动，但对作品进行了非正常的利用或展示，从而损害了作者的精神利益。前文"壁画《赤壁之战》被毁案"是壁画作者与壁画原件所有者产生的权利纷争。纠纷的原因就在于我国法律对于保护作品完整权没有详细的、可供操作的规定，权利界定不清。而前文"陈湘波诉娃哈哈酒店"一案中，被告在使用

---

① 巴菲特诉费尔西格一案（1962 年），见杜博夫的《艺术法概要》第 157 页。
② 加利福尼亚民法典第 987 条，见杜博夫的《艺术法概要》第 158 页。
③ 加利福尼亚民法典第 989 条，见杜博夫的《艺术法概要》第 159 页。

原告作品过程中，将许多作品分割、裁剪，破坏了原告作品的完整性，并且将一些作品未经许可用作厕所装饰。从保护作品完整的角度来看，这些行为实际就是在"篡改"这些作品，分割、裁剪是"形式上"完整性的破坏，而挂在厕所则是对作品"内容上"完整性的破坏，因为从创作目的来看，作者绝不会是为装饰酒店厕所而创作。但对于如何认定是否破坏作品"内容上"的完整性，我国法律尚未作出规定。正如有学者所言："修改权保护的是作品的外在表现形式，保护作品完整权保护的是作品的内在表达，二者是'移形'和'换质'的区别。侵犯修改权并不一定就侵犯了保护作品完整权，侵犯保护作品完整权可能是由于修改作品而产生，也可能是由于对作品使用方式、使用环境不当所造成。"[①]

由于人们对高精度复制品及高清晰画面的不断追求，对作品原件的直接复制和拍摄成为必然需求，若作品所有者擅自毁坏作品或者分割、修改作品必然使得作者的复制权、摄制权等财产性权利受到影响，造成作者与收藏者纠纷的出现，因而界定清楚作品作者的保护作品完整权和修改权对于保护作者财产权益具有重要意义。

此外，在对美术家的访谈中，经常听美术家说到作品版权时一脸无奈，有些作品因为卖出的时间较早，当时没有现在这样高精度的拍摄设备，手中只有一张精度很低的底版（甚至是黑白的），出版小画册还可以，但若放大局部以及做大幅海报就显得精度不够。另外，由于很多美术馆、博物馆在改革开放之前收集了大量美术精品藏于画库，有画家担心自己作品的保存状态或因出版需要进行拍摄，但有些美术馆、博物馆因为嫌手续烦琐，不乐意让作者拍摄。我国法律中没有对作者接触作品权利的规定，使得作者在面对上述问题时变得束手无策。故通过法律的形式从源头上缓解作者与原件所有者之间关于作品接触问题的纠纷，避免"卖出原作附送版权"的尴尬，保障作者复制权、摄制权的实现也应该是《著作权法》应该涉及的内容。

---

① 晓嵩：《修改权与保护作品完整权的法律规定及联系》，《中国知识产权报》，2002 年 12 月 24 日。

三、基于美术作品"冒名"的财产权益界定

美术作品署名权可以影响财产收益，这一点在前述吴冠中、范曾等著名画家的案例中有所体现。假冒名家署名的行为已严重影响到中国艺术市场的发展，出现了"柠檬市场"。柠檬市场理论是阿克洛夫1970年提出的，柠檬市场理论即旧车市场模型。在旧车市场上，卖者知道车的真实质量，买者不知道，只知道车的平均质量，因而只愿根据平均质量支付价格，但这样一来，质量高于平均水平的卖者就会退出交易，只有质量低的卖者进入市场。结果是，市场上出售的旧车的质量下降，买者愿意支付的价格进一步下降，更多的较高质量的车退出市场，如此以往，周而复始。在均衡的情况下，只有低质量的车成交，在极端情况下，市场可能根本不存在。美术作品原件交易市场正因为假冒"名家"署名美术品的大量出现，加之鉴定制度的不完善，出现了"次品"越来越多的现象，很多"名家"真迹也因假冒作品过多而价格偏低。

如前文所述，经济学的基本方法就是"成本—收益"分析法。用经济学的视角和方法观察分析法律制度，就是探求如何用最小的成本（法律制度运行成本）取得最大限度的收益（社会总福利）。作为从事"制作、出售假冒他人署名的美术作品"的人来讲，谋求利润是其最重要的目的。之所以从事"制作、出售假冒他人署名的美术作品"的活动，就是因为他们认为从事此项活动所得到的效用比他合法经营赚取的效用要高。同样，国家之所以没有出台并执行相关法律法规来治理"制作、出售假冒他人署名的美术作品"的活动，也是因为制度运行需要成本，而这个成本高于治理"制作、出售假冒他人署名的美术作品"活动的收益。要使因"制作、出售假冒他人署名的美术作品"被制裁造成的损失（即成本）加大，就必须加大相应的惩罚措施；而政府则需要减少惩治"制作、出售假冒他人署名的美术作品"行为的成本。

从文化部条例（如《美术品经营管理办法》）到《刑法》第二百一十七条都对"制作、出售假冒他人署名的美术作品"活动有相应规定。《著作权法》（2010年）第四十八条规定，"制作、出售假冒他人署名的作品

的"属于侵权行为，应当根据情况，承担停止侵害、消除影响、赔礼道歉、赔偿损失等民事责任；同时损害公共利益的，可以由著作权行政管理部门责令停止侵权行为，没收违法所得，没收、销毁侵权复制品，并可处以罚款；情节严重的，著作权行政管理部门还可以没收主要用于制作侵权复制品的材料、工具、设备等；构成犯罪的，依法追究刑事责任。《刑法》第二百一十七条规定，以营利为目的，"制作、出售假冒他人署名的美术作品"，违法所得数额较大或者有其他严重情节的，处三年以下有期徒刑或者拘役，并处或者单处罚金；违法所得数额巨大或者有其他特别严重情节的，处三年以上七年以下有期徒刑，并处罚金。据此作者有权禁止他人盗用自己的姓名或笔名在他人作品上署名。但是对于如何认定"制作、出售假冒他人署名的作品"，法律法规并未作出相应规定，没有具体认定措施，这就使得《著作权法》第四十八条第（八）项和《刑法》第二百一十七条第（四）项形同虚设。如何在法律制度中加大"制作、出售假冒他人署名的美术作品"活动的成本是一个需要明确的问题。

第三节　美术作品交易市场规制制度不健全

在本文的引言部分，笔者把本文研究的我国美术作品作者财产权的保护界定在美术作品交易范围之内。交易（exchange），从字面理解应为买卖商品，但交易"不是实际交货那种意义的物品的交换，他们是个人与个人之间对物质的东西的未来所有权的让与和取得，一切决定于社会集体的业务规则"①。交易与制度本能地联系在一起。在经济学中，交易常常是指用来界定人与人之间的权利交换关系②。在法律意义上讲，"交易是指任何由双方为解决有疑问或者有争议的权利要求而达成的协议"③。

① ［美］康芒斯：《制度经济学》（上册），商务印书馆 1962 年版，第 76 页。
② 黄少安：《产权经济学导论》，山东人民出版社 1995 年版，第 158 页。
③ ［英］沃克著，北京社会与科技发展研究所译：《牛津法律大辞典》，光明日报出版社 1988 年版，第 891 页。

据记载，早在东汉时期我国就出现了美术作品交易。"上谷王次仲始作楷法，至（汉）灵帝好书，时多能者，而师宜官为最，大则一字径丈，小则方寸千言，甚矜其能。时或不持钱诣酒家饮，因书其壁，顾观者以酬酒直，计钱足而灭之。"① 上述就是师宜官"以字酬酒钱"的史事。这些记载都反映了当时较为初级的美术品交易，甚至还处于易货占主要交换方式的阶段。唐代是我国书画市场初步形成的阶段，出现了张怀瓘著《书估》，"三估者，篆、籀为上估，钟、张为中估，羲、献为下估。上估但有其象，盖无其迹；中估乃旷世奇迹，可贵可重。有购求者，宜悬之千金。"② 又有张彦远《历代名画记》载"董伯仁、展子虔、郑法士、杨子华、孙尚子、阎立本、吴道玄屏风一片，值金二万，次者售一万五千；其杨契丹、田僧亮、郑法轮、乙僧、阎立德一扇值金一万"③，反映了当时的画价。宋代是我国书画交易的发展时期，出现了书画鉴定与销售的中介人"牙侩"。明清是我国书画市场的成熟、繁荣阶段，"绘画商品化成为此期文人画繁荣的一大社会性因素"④。新中国成立后，艺术品交易在改革开放之后逐渐兴盛，艺术作品著作权交易也开始出现。艺术品拍卖行、画廊及知识产权代理组织的出现为艺术品交易提供了很好的交易平台，是美术作品交易的一个根本性跨越。

传统的市场经济学理论认为，市场主体在市场中的交易是对市场机制的简单操作，市场被假定为在无成本的环境中运行，收集交易信息、达成交易契约和通过市场配置资源都是无成本的，所有的交易都可以通过市场运行来完成。现代经济学则发现现实的交易始终同成本联系在一起，因为人们只有投入时间、精力和资源才能完成交易。为了进行市场交易，有必要发现谁希望进行交易，有必要告诉人们交易的愿望和交易的方式，以及通过讨价还价的谈判缔约、督促契约条款的严格履行等。新制度经济学认

---

① 卫恒：《四体书势》。参阅华东师范大学古籍整理研究室《历代书法论文选》（上），上海书画出版社1979年版。
② 张怀瓘：《书估》。参阅潘运告《张怀瓘书论》，湖南美术出版社1997年版，第36页。
③ 张彦远：《历代名画记》，人民美术出版社1963年版，第31页。
④ 林木：《明清文人画新潮》，上海人民美术出版社1991年版，第403页。

为市场运行及人与人的交易都需要成本，它要通过界定和调整产权规则、降低交易费用，从而提高资源配置的效率。

美术作品交易中同样存在这些交易成本，根据科斯定理，当这些成本非常大的时候，这个交易市场是不会存在的。美术作品的交易制度包括原件交易渠道和知识产权交易渠道两大类，现实中，美术作品原件平台是美术作品交易市场的主体，而其知识产权交易平台却是欠缺的，这就造成了个别美术作品知识产权交易的高成本，高成本带来的是交易的越来越少，最后导致正规交易的不能。很多知识产权的使用者不知去哪里购买美术作品的版权，美术家也不知道去哪儿可以推广、出售作品的版权。于是，出现了《孔雀舞》剪纸案以及赵孟林"京剧脸谱"案中使用企业"被动侵权"的状况。即使是原件交易市场也存在交易平台欠缺的状况，中国始终没有建立画廊代理制，太多画廊只是画店，没能真正参与艺术市场的构建，没有形成对画家、拍卖行及政府政策的影响力；而拍卖行却几乎垄断了原件的销售，拥有了"定价"权，进而形成了对画家品评、定位的"生杀大权"。由于我国美术作品市场发育不完善、欺诈等导致"市场失灵"；交易双方交易合同又出现"合约失灵"；由于计划向市场转型的影响，政府在治理和规制"市场失灵"时又出现了"政府失灵"；市场规制法和文化市场行政法出现有法不可依和无法可依的真空状态。种种失灵反映了我国美术作品交易的市场机构和市场规制制度的不健全，这是我国美术作品作者财产权益遭受长期侵犯的重要原因。

一、美术作品交易市场出现"市场失灵"

在统一、开放的市场上，市场参与者可以充分、自由地竞争，使价值规律发挥作用，从而使实现微观上经营者之间利益的平衡和宏观上资源的合理流动、配置。市场调节这只"无形之手"发挥着调节社会经济的巨大作用。但市场调节机制并不是万能的，有其局限性，即市场缺陷。在一定条件下，市场缺陷显露并造成严重后果，市场作用不再充分有效，就出现了"市场失灵"的问题。市场缺陷大体可以归为三类：一是市场障碍，即在自由竞争的市场上总会存在一些阻碍市场机制发挥作用的因素，使得在有些经济领域，市场机制不能进入施展其作用；二是由于市场机制具有唯利性，因而它是一种非理性的调节，有些经济领域民间投资不愿进入，市场机制也不能发挥调节作用；三是市场调节具有被动性和滞后性，它是一种事后调节，往往在造成资源严重浪费和经济社会动荡衰退之后才缓慢恢复正常。① 中国的"市场失灵"问题必须在中国由计划经济体制向市场经济体制转轨这个大背景下来理解。在过渡期中，中国经济的主要病症是"前市场经济病"，即以市场主体不完善、市场秩序不健全为表现的市场机制不成熟。中国市场失灵下市场机制无法发挥作用的原因更多的不在于市场机制固有的缺陷，而在于政府体制障碍和某些不适当的政府权力的牵绊。"垄断、污染、欺诈、错误、管理不当和市场中其他的不幸副产品，在传统上都被看作市场自我管制机制的失灵，所以人们认为有必要对市场进行公共管制（public regulation）。"②

（一）美术作品交易主体结构不完善

美术作品交易市场发展不完善是导致交易平台欠缺、交易渠道不畅通的主要原因。

1. 藏家欠缺。美术作品原作购买者中投机者多，投资者少，收藏者更少，最终收藏者（博物馆、美术馆）能力较弱。美术作品的购买者一般可以分为三类：第一类是"倒家"。具有敏锐的眼光，不但懂得鉴别真伪、判断价格，还熟悉各大字画拍卖会的拍卖情况。在当地吃进某名家字画，随即到异地抛出赚钱。第二类是"藏家"。对于某画家或流派作品较为欣赏，买进后，通常会存放数年甚至数十年再出售。第三类就是博物馆、美术馆，这类购买者按说是美术作品的终端消费者，是美术作品交易的终端，也是决定整个美术作品交易市场的核心力量，但当下中国这方面力量却很弱。2003 年，故宫博物院以 2200 万元的天价从嘉德公司购得《晋索靖书出师颂》，然而国有博物馆中能像故宫博物院有如此雄厚实力的少之

---

① 漆多俊：《经济法基础理论》，法律出版社 2008 年版，第 12 页。
② ［美］理查德·A. 波斯纳著，蒋兆康译：《法律的经济分析》，中国大百科全书出版社 1997 年版，第 483 页。

又少。美术馆、博物馆都是公益性文化事业单位，收藏经费欠缺，过去主要依靠美术家本人和家属以及收藏家的捐赠，有部分藏品则是以象征性的低价位购进。一张名画在画商之间"击鼓传花"般地传来传去，最终的"得花者"被别人认为抓了"冤大头"。网络上有一种极端的说法，当代美术作品市场的投资者 90% 是在炒作美术作品，目的纯粹是为了赚钱，"有人甚至画 k 线图，像炒股票一样炒作美术作品"①。

2. 画廊业影响力较弱。画廊主导的一级美术作品市场包括了美术家、画廊和购买者三方，其中画廊是中介人，也是重要的主导者。画廊的意义在于通过规范的商业运作为美术家的成长和成功创造条件。从画廊活动的表象来看，其作用包括：①发掘画家。寻找画家是画廊最基本的功能。众所周知，美国的卡斯蒂里（Leo Castelli）画廊成功地发掘了大量当代国际著名美术家，使美国当代艺术产生了世界范围的影响。②推介画家。画廊为签约画家制订一整套策划思路及推广手段，包括参加国内外知名的艺术博览会，为美术家举办画展、出版画册、媒体采访、评论发布等，通过此一系列的宣传使其知名度更加提高。③营销作品。在市场营销过程中，目标消费者位居于中心地位。画廊识别总体市场，将其划分为较小的细分市场，选择最有开发价值的细分市场，并集中力量满足和服务于这些细分市场。画廊业的成熟，被认为是一级艺术市场成熟的关键，我国现有的 5000 家画廊中，被业内认可为"正规画廊"的只有 50 家左右，其他大部分被视为画店、画摊或艺术商品寄卖店。②

3. 著作权购买者受到版权交易平台缺乏、盗版成本较低的影响，版权购买行为较少。在著作财产权交易法律关系中，著作权购买者可以分为两大类：邻接权人和终极消费者。邻接权人大多数情况下是美术作品的传播者，是依据法律规定或者通过交易行为而享有对作品进行传播的人。传播行为事实上表现为著作财产权权能实现的方式，也就是说著作财产权之所以作为交易对象、能够进入流通领域，离不开传播者的传播行为。由于传播者对其为传播而创作的创造性劳动成果依法享有专有权利，即邻接权，

---

①② 李婷：《表面繁荣埋下危机种子：中国画廊路在何方?》，《文汇报》2009 年 3 月 16 日。

故传播者在著作财产权交易活动中，一方面作为派生性权利人与他人从事著作财产权交易行为，另一方面作为邻接权人对其传播行为享有独立权利。美术作品著作权的终极消费者主要是美术作品复制品的购买者，有的以单幅作品的形式，有的以书籍、茶杯、饰品及物品包装的形式。很多购买者都是出于对此美术作品的审美需要购买复制品的，因而装饰和展示是此复制品的基本使用方式。

4. 我国美术界尚没有著作权代理组织。美术家著作权的交易一般可以通过三种途径：本人、代理人、信托人，信托人的常见形式就是著作权集体代理组织。著作权人借助集体管理组织以实现其著作财产利益。我国《著作权集体管理条例》第二条规定，著作权集体管理"是指著作权集体管理组织经权利人授权，集中行使权利人的有关权利并以自己的名义进行的下列活动：①与使用者订立著作权或者与著作权有关的权利许可使用合同；②向使用者收取使用费；③向权利人转付使用费；④进行涉及著作权或者与著作权有关的权利的诉讼、仲裁等"。第三条指出，著作权集体管理组织"是指为权利人的利益依法设立，根据权利人授权、对权利人的著作权或者与著作权有关的权利进行集体管理的社会团体"。权利人可以与著作权集体管理组织以书面形式订立著作权集体管理合同，授权该组织对其依法享有的著作权或者与著作权有关的权利进行管理。著作权集体管理为美术作品版权使用者和所有者架起一座方便的桥梁，但遗憾的是我国尚没有美术作品的著作权集体管理组织。

（二）美术作品交易平台欠缺

美术作品的交易制度包括原件交易渠道和知识产权交易渠道两大类。现实中，美术作品原件平台是美术作品交易市场的主体，而其知识产权交易平台却是较为欠缺的，这就造成了个别美术作品知识产权交易的高成本，高成本带来的是交易的越来越少，最后导致正规交易的不能。很多知识产权的使用者不知去哪里购买美术作品的版权，美术家也不知道去哪儿可以推广、出售作品的版权。

从当下情况来看，我国已有上海文化产权交易所、广东省南方文化产权交易所、深圳文化产权交易所等文化产权交易所可以进行美术作品版权交易，但有了交易所并不等于就有了交易市场。从作者角度来看，作者著作财产权存在"虚化"现象：一方面，我国没有版权交易的传统，很多美术作品作者几乎不会主动"出售"作品版权，版权存在与否对作者关系不大；另一方面，在我国美术作品交易中，普遍存在卖掉作品原件就"潜规则"的等于一同卖绝版权的现象，因为原件购买者没有法定义务协助作者行使此后的该作者对原件的复制权；美术作品藏家（包括一些美术馆在内）也认为买了作品就可以自主出版各种画册、宣传册。从使用者的角度来讲，由于美术作品作者没有许可版权的意识，使用者也就无法从市场获得精品，只能通过个别谈判的方式，使交易成本增高。若作品已被作者售出，进行复制就更为繁琐。

"张时中《孔雀舞》剪纸案"反映了因美术作品著作权交易渠道不畅，而出现使用企业"被动侵权"的现象。上述案例中，云南熊谷生物工程开发有限公司与刘丹工作室签订了协议，从协议内容看，上诉人为避免侵权已作出了相应的约定，之后还将酒盒包装申请了专利，可以说上诉人主观上并无恶意，云南熊谷生物工程开发有限公司只是想为其产品获得一个良好的包装而进行委托，既然此公司使用了张时中的剪纸作品《孔雀舞》，那么，此公司就认可了剪纸《孔雀舞》对其产品的适用性。后来，出现了被委托人刘丹工作室侵权盗版使用剪纸《孔雀舞》的情况，作为使用者当然也要承担侵权责任，这就出现了"被动侵权"的情形。若云南熊谷公司有途径直接与作者张时中直接交易，首先不会侵权，再者也可推动民间剪纸艺术传播，是一件互利共赢的事情。

（三）美术作品价格形成机制的障碍

基本属于政府科层体制的美术家协会、画院及美术学院等单位在促进国家美术总体发展、创作优秀作品的过程中发挥着巨大作用，美术家协会、画院、美院等单位的美术家大都是我国美术界的精英。由于进入这些单位供职或成为会员都是一件不容易的事情，要经过很多筛选，这本身为美术作品的市场树立了一个标准，美协会员、画院画师、美院教授等都是评价一个美术家作品价格的重要标准。于是，西方国家的以画廊为主所要做的发现画家、推荐画家的作用被美协、画院、美院、国有美术馆等行政色彩较浓的单位所取代，这是我国美术作品一级市场不发达的一个重要原因。这给美术作品交易市场带来的一个障碍就是价值评价不是来源于基于市场机制形成的学术批评，而是来源于基于政府机制而形成的学术批评。此外，由于在画院、大学、美术馆等事业单位的美术家都有政府给予的固定工资收入，有医疗保险、养老保险，所以，这些美术作品作者并不缺少基本生活费用，很多人并不急于出售作品，市场上的作品数量有限。又由于市场存在很多"一夜暴富"的投机者需要美术作品进行融资交易，于是很多作品时常在拍卖行拍出高于平常几倍的价格，价格虚高和炒作现象明显。

在整个美术作品价格形成机制中，拍卖行起到了重要作用。拍卖在以资本力量进行艺术的价值判断，拍场成交价格的影响力远远大于原有学术界对作品的学术判断。20 世纪 90 年代初期，先后成立的"中国嘉德"、"上海朵云轩"、"北京翰海"等拍卖机构对艺术品的拍卖迅速地冲击着原有的交易方式和市场格局。在美术作品的拍卖中，很多当代画家以"自送自拍"等炒作方式不断地抬升自己的价位，画廊、拍卖行甚至甘当幕后推手，三方联合操作。"天价做局"在艺术品拍卖中已不是新鲜事物，整个艺术圈形成了一个以拍卖天价为轴心的价值标准链条，拍卖天价作品成为真正的学术"权威"，谁的作品成为天价明星，他也就在艺术界变成"学术代表"。

美术作品交易价格是美术作品交易市场信息集合的反映。在一个交易参与者信息完全对称的有效市场中，没有人可以操纵市场，因为所有的信息均已经反映在价格上。但是由于现实市场中信息并不完全对称，美术作品市场非有效的程度也非常高，所以操纵者就能利用私有信息来获利。信息操纵是指操纵者通过激发、传播错误或虚假的消息来误导投资者，进而影响价格的操纵行为。操纵者制造和传播错误信息使市场中的其他投资者接受到错误的信号，进而进行错误的投资行为，而操纵者自身对该美术作品具有正确的私有信息，比接受错误信号的投资者具有信息优势，因而可以操纵市场。

（四）美术作品交易的负外部性

交易双方在交易的过程中，各自的所有权都由于对方的介入产生了部分"失效"，登姆塞茨称为"外部性"。"外部性"与产权是紧密相连的。"外部性"这一概念反映着产权矛盾的两个方面：一方面，交易双方的所有权都具有完整的排他性；另一方面，在实际的经济交易中，所有者却必须与别人发生千丝万缕的关系，这样，所有权的完整性被打破，别人分得了所有者应得权益的一部分。一个鲜明的例子就是科斯"牧人与农夫"的案例，农夫和养牛者在毗邻的土地上经营自己的事业，养牛者的牛吃了农夫的庄稼，农夫和养牛者都对自己的土地、牛和庄稼拥有所有权，但如果法律规定养牛者不应赔偿农夫，就等于允许他损害农夫的利益；反之，如果必须赔偿则养牛者的利益就会受到损害。出现此情况的原因显然在于二者已处于同一利益范围内，此增彼损，形成一种"可以再分配的收益"，这种收益就是"外部性"的结果。登姆塞茨在研究"外部性"时，认为产权和外部性是密切联系的，"总会有某个人或某些人因这些外部性而得益或受损"。产权的主要功能就是引导人们在更大程度上将外部性内化。产权规定了人们怎样收益或受损，从而规定了谁需要给谁补偿以改变人们的行动。"外部性"的存在说明产权界定不清，即所有权及有关的他人对某一财产的权、责、利关系划分不清，使得所有者的财产以及受益出现"外部性"，这就损害了所有者的权益，因此要界定产权。产权界定的方式有两种：一是诉诸法律；二是私下交易。虽然诉诸法律和私下交易都会产生费用，但不进行产权界定，双方权责利关系不清，两个平等所有权的权能都不能正常发挥，经济也就无法正常运转。

美术作品的知识产权交易中就明显存在"外部性"，这在"《孔雀舞》剪纸案"体现的甚为明显。张时中的剪纸作品《孔雀舞》完成于1990年10月，收录于1995年12月出版的《云南剪纸新作》一书，已成为著作权法保护的客体，具有著作财产权。而刘丹工作室却把此剪纸用在了"云南情"酒男装包装盒外观设计中，还申请了专利。具有戏剧性的是，刘丹工作室此次的设计却是受了深圳市熊川投资发展有限公司的委托，并签订《委托设计合同》，约定"设计方案一经采用，版权即归云南熊谷生物工程开发有限公司所有，设计方案中的所有图案资料须自行创作设计，若涉及侵权，责任由该工作室承担"。张时中的剪纸作品《孔雀舞》充分体现出著作财产权的"外部性"，即刘丹工作室可以直接"拿来"卖给酒厂作外观设计，并申请专利。而作为使用者的酒厂却因为"拿来"的设计作品而"被动侵权"。可见市场自身是无法克服这些"外部性"的，必须通过市场治理途径弥补。

（五）美术作品交易市场中欺诈现象严重

《牛津法律大辞典》对欺诈的解释是："在民法上，欺诈是一种虚伪陈述，或图谋欺骗的行为，通常以故意做虚假陈述、或者做出其本人并不相信其真实性的陈述，或者不顾其是否真实而做出的陈述等方式构成，并意图（并且事实上如此）使受骗人引以为据。但是，欺诈同样也可以以隐瞒真相或故意不做出其理应做出的陈述方式，或者通过行为构成。"[①] 而我国对欺诈的界定是依据最高人民法院在《关于贯彻执行"中华人民共和国民法通则"若干问题的意见（试行）》第六十八条中规定："一方当事人故意告知对方虚假情况，或故意隐瞒真实情况。诱使对方当事人作出错误意思表示的，可以认定为欺诈行为。"欺诈的主要表现形式有合同欺诈、广告欺诈、价格欺诈、服务欺诈及包装欺诈等。一般认为其构成要件为：1. 主观上，欺诈方有欺诈故意；2. 客观上，欺诈方实施欺诈行为；3. 在因果关系上，对方因欺诈而作出错误的意思表示。

"知假卖假"则是一种欺骗消费者和公众的行为，也侵害了被假冒画家的合法权益，在接到画家或有关人指认假画的信息后，拍卖行不进行任何必要的核实工作，放任拍卖，而事后有关拍品被证明是假冒他人署名的

---

① ［英］沃克著，北京社会与科技发展研究所译：《牛津法律大辞典》，光明日报出版社1988年版，第350页。

美术作品，这种行为就涉嫌知假卖假。如前文原告吴冠中诉称，被告上海朵云轩、香港永成古玩拍卖有限公司联合在香港拍卖出售了一幅假冒其署名的《毛泽东——炮打司令部，我的一张大字报》画，侵犯了其著作权，使其声誉和真作的出售均受到了不应有的损害。原告请求法院判令被告停止侵害、消除影响、公开赔礼道歉，赔偿经济损失。法院认为：公民享有表明其身份，在作品上署名的权利；同时有禁止他人制作、出售假冒其署名的美术作品的权利，公民的该项权利受法律保护。有证据表明，有争议的《毛泽东——炮打司令部，我的一张大字报》画，落款非原告吴冠中署名，是一幅假冒吴冠中署名的美术作品。拍卖是一种特殊形式的买卖，拍卖书画是一种出售美术作品的行为。两被告在获知原告对系争作品提出异议，且无确凿证据证明该作品系原告所作、落款为原告本人署名的情况下，仍将该作品投入竞拍，获取利益。两被告的行为违反了《著作权法》的规定，共同严重侵犯了原告吴冠中的著作权。法院判决原告胜诉。而2002年发生的德国游客诉徐悲鸿纪念馆画廊一案则反映了画廊在"知假售假"的问题：德国游客在徐悲鸿纪念馆的某艺术中心以9万元的价格购买了包括徐悲鸿的花鸟画等5幅作品，某艺术中心的负责人给德国游客开具了收条，证明画家名称、价格以及画家的生卒年代等，并加盖了"悲鸿纪念馆画廊"章。游客回国后经鉴定为假画。2002年此德国游客来京要求退画退款，某艺术中心答应为德国游客换几幅其他的画，双方再签一份收条，注明德国游客取走陆俨少的山水画两幅、齐白石虾蟹一幅。事后，德国游客将3幅画请北京文博研究鉴定中心鉴定，又被鉴定为假画。德国游客与此艺术中心多次协商未果，即向北京市一中院起诉，请求撤销某艺术中心的买卖合同，双倍返还购画款，并支付因索赔而发生的交通费、住宿费等。北京市一中院根据《消费者权益保护法》第十五条"经营者应当向消费者提供有关商品或者服务的真实信息，不得作引人误解的虚假宣传"的规定，认为某艺术中心在为其开具收款凭证上未注明其出售的作品为仿制品，其行为属于故意隐瞒真实情况，是消极不作为的欺诈行为。法院根据《著作权法》第三十五、四十九条的规定，于2004年9月21日，判决撤销德国游客与某艺术中心的买卖合同，某艺术中心返回画款9万元，赔偿 10 万余元。① 这是明显的"一方当事人故意告知对方虚假情况，或故意隐瞒真实情况，诱使对方当事人作出错误意思表示的"欺诈行为。

二、政府治理"市场失灵"时出现部分"政府失灵"

为了避免"市场失灵"引起经济、社会等各方面的严重动荡，弥补市场机制的不足，促进市场发展完善，作为全社会最高代表的政府有必要对社会经济进行某种调节，从而可以保持国民经济的综合平衡和稳定协调地发展。但是，"并非在任何时候自由放任的不足都是由政府的干预可弥补的，因为在任何特别的情况中，后者不可避免的弊端都可能比私人企业的缺点显得更加糟糕"②。对于市场组织来说，无论市场是怎样的不完善，市场活动都是通过价格与生产成本或收益联系在一起的，而政府的收入来自政府的税收、捐赠或政府的其他非价格收入来源。这样政府维持一种活动的收入与生产成本无关，那么就不会有约束机制来避免使用较多不必要的资源，从而造成资源配置错误。

"政府失灵"的主要表现有：1. 成本危机。政府需要设立与这些职能相应的机构和雇佣相关人员承担一系列经济调控、公共产品供给等职能。2. 效率低下。政府由于自身规模巨大，缺乏灵活性，往往因为种种原因而效率低下。此外，行政机构分明的科层关系、种种的办事程序，再加上传统的官本位意识也会导致政府行动的效率低下。3. 与寻租相关的腐败现象。"政府的特许、配额、许可证、批准、同意、特权分配等都容易造成任意或人为的资源稀缺，这种稀缺就意味着寻租的存在。企业会通过各种非法途径如行贿、利诱等向政府争取优惠政策，寻求政府的特许和庇护，而大权在握的政府机构及其人员则可能受这种非法引诱，作出有利于引诱者而损害公众利益的行为。这种现象不仅使生产者提高经济效率的动力消失，而且还极易导致整个经济的资源大量地耗费于寻租活动，并且通过贿

---

① 郭京霞：《德国游客告赢假画案获赔十九万元》，北京法院网（2009 年 12 月 15 日），http：//bjgy. chinacourt. org/public/detail. php？id＝12827&k_w。

② ［美］查尔斯·沃尔夫著，谢旭译：《市场或政府——权衡两种不完善的选择》，中国发展出版社 1994 年版，第 15 页。

赂和宗派活动增大经济中的交易费用。"① 4. 政府的"自利性"。政府干预的前提是将政府作为"公共利益"的化身来对市场进行大公无私的调控。但政府行为也难免受自利动机的影响，而且政府这种追求私利的倾向当然会影响政府干预下的资源配置的最优化。

在我国纯计划经济时代，是政府"办文艺"，而在改革开放之后，政府对文艺的管理方式虽然发生了很大变化，但"习惯"的惯性仍然很大，"文化治理的文化权力型制不仅在改革开放大潮中没有受到合法性质疑，而且人们还往往在遭遇文化制度设计之际有意绕开关涉意识形态议题的壁垒，导致文化制度与经济制度、政治制度和其他社会制度之间形成巨大的时间错位和结构落差"。②

美术作品的创作和消费是实现公民文化权益的重要组成部分。不仅一件美术作品的原件与知识产权分属不同的主体所有、占有和使用，而且除此之外还有更多的主体在分享着同一件美术作品。这些其他主体主要是与此作品相关的欣赏者、批评家以及美术史家，他们更多的是在观念上分享此作品。著名艺术经济学家索罗斯比所讲："我们必须记住，许多文化商品与服务实际上是混合产品（mixed goods），同时具有私有财与公共财的特性。例如一张梵高的画，它能被当成艺术品买卖，其私有财价值只属于拥有它的人；同时，这幅画也是艺术史中的一员，它带来广大的公共财利益给历史学家、艺术爱好者及一般大众。"③

从另一个角度看，一方面，美术作品具有文化性，是艺术作品，而进入交易环节后，就是商品，具有市场性；又因美术作品具有意识形态的特征，因此政府会通过各种途径加以引导，具有政府干预性。另一方面，在交易成本为正的情况下，民商法在调整市场经济关系时对过巨的交易成本无能为力而迫切需要市场外部的力量——政府通过法律手段来调整市场经

---

① ［美］V. 奥斯特罗姆著，王成译：《制度分析与发展的反思——问题与抉择》，商务印书馆 1992 年版，第 4 页。

② 王列生：《论内在焦虑中的中国文化制度创新》，《文艺研究》2009 年第 11 期。

③ ［澳］大卫·索罗斯比著，张维伦等译：《文化经济学》，典藏艺术家庭股份有限公司 2003 年版，第 30 页。

济关系以实现降低交易成本、提高资源利用效率，从而"复制"自由、自主的市场交易。政府为了降低市场交易成本而对市场经济的干预因政府固有的缺点使政府干预经济时也会产生交易成本，该交易成本也会增加自由、自主交易的障碍，使政府干预失灵。因此，有必要通过设立政府干预市场的规则来规范政府干预行为。

为了实现公民的文化权益，促进美术创作的繁荣以及美术作品市场的健康持续发展，市场需要政府进行介入。从我国社会的发展来看，政府对经济各方面的介入正由计划色彩浓厚的行政指令式的微观介入转向市场调节为主的法治式的宏观调控。转型无疑可以促进美术创作本体和交易的规范健康发展，但也在转型期间出现了一个宏观调控不到位而行政力量已退出的"真空"。

（一）市场监管方面

1. 美术作品拍卖监管中的问题

拍卖是一个集体（拍卖群体）决定价格及其分配的过程。《中华人民共和国拍卖法》定义是"以公开竞价的方式，将特定的物品或财产权利转让给最高应价者的买卖方式"。拍卖通过一个卖方与多个买方进行现场交易，使不同的买方围绕同一物品或财产权利竞相出高价从而在拍卖竞价中去发现其真实价格和稀缺程度，避免交易的主观随意性，更直接地反映市场需求，最终实现商品的最大价值。针对艺术品拍卖行业自律规范不健全拍卖活动中不诚信经营、不正当竞争现象突出的问题，2010 年商务部发布了《文物艺术品拍卖规程》（SB/T10538—2009）行业标准，于 2010 年 7 月 1 日正式实施，该标准是我国拍卖行业恢复发展 20 多年来第一部行业标准。理论上有助于提高拍卖企业整体管理水平，防范经营风险，保护相关交易人的合法权益。

（1）拍卖中的"炒作"与"托儿"

我国《拍卖法》对"炒作"与"托儿"的行为作出了明确规定：竞买人之间、竞买人与拍卖人之间不得恶意串通，损害他人利益（第三十七条）。而且第六十五条也对违法的后果作出了明确规定："违反本法第三十七条的规定，竞买人之间、竞买人与拍卖人之间恶意串通，给他人造成损害的，拍卖无效，应当依法承担赔偿责任。由工商行政管理部门对参与恶意串通的竞买人处最高应价百分之十以上百分之三十以下的罚款；对参与恶意串通的拍卖人处最高应价百分之十以上百分之五十以下的罚款。"但遗憾的是这些条文在现实的艺术品拍卖中并没有得到真正贯彻执行。没有得到执行的一个重要原因就是在美术作品拍卖中很难认定"竞买人之间、竞买人与拍卖人之间的恶意串通"。

（2）拍卖中的赝品问题

拍卖人有权要求委托人说明拍卖标的的来源和瑕疵。拍卖人应当向竞买人说明拍卖标的的瑕疵（第十八条）。委托人应当向拍卖人说明拍卖标的的来源和瑕疵（第二十七条）。竞买人有权了解拍卖标的的瑕疵，有权查验拍卖标的和查阅有关拍卖资料（第三十五条）。拍卖人认为需要对拍卖标的进行鉴定的，可以进行鉴定。鉴定结论与委托拍卖合同载明的拍卖标的状况不相符的，拍卖人有权要求变更或者解除合同（第四十三条）。

《拍卖法》第六十一条明确规定：拍卖人、委托人违反本法第十八条第二款、第二十七条的规定，未说明拍卖标的的瑕疵，给买受人造成损害的，买受人有权向拍卖人要求赔偿；属于委托人责任的，拍卖人有权向委托人追偿。拍卖人、委托人在拍卖前声明不能保证拍卖标的的真伪或者品质的，不承担瑕疵担保责任。因拍卖标的存在瑕疵未声明的，请求赔偿的诉讼时效期限为一年，自当事人知道或者应当知道权利受到损害之日起计算。

拍卖法制定的初衷是很好的，但其实施必须是在一个诚信、公平的交易环境中，并与其他法律相配套，但遗憾的是目前中国并没有这样的环境，上述《拍卖法》也成了一些拍卖行在艺术品拍卖中逃避责任的"法宝"。

2. 税法监管失灵

税务问题是近年来越来越受到艺术家和画廊关注的问题。随着我国税收制度的完善，高收入的艺术家及画廊必定成为"纳税大户"。依法纳税是公民的光荣义务，合理纳税也是艺术家及画廊老板应该学习的内容。

《个人所得税法》第二条规定个体工商户的生产、经营所得及劳务报酬所得、稿酬所得、财产转让所得均应纳税。《个人所得税法实施条例》规定：书画、雕刻、影视、介绍服务、经纪服务、代办服务等都属于劳务报酬所得，每次收入不超过四千元的，减除费用八百元；四千元以上的，减除百分之二十的费用，其余额为应纳税所得额。适用比例税率，税率为百分之二十。对劳务报酬所得一次收入奇高的，实行加成征收。年所得 12 万元以上的纳税义务人，在年度终了后 3 个月内到主管税务机关办理纳税申报。现实中，美术作品作者私下交易泛滥，作者出售美术作品很多时候是不申报的，税务部门对美术作品原始交易是缺乏监管的，很多作品在再次进入市场交易时不能提供来源证明，也就失去了证明美术作品真实来源的凭据。

（二）市场行政执法方面

目前一个触目惊心的现状是在美术作品市场中，唯一的专门法律法规只有 1994 年颁布的《美术品经营管理办法》，虽然加入 WTO 后于 2004 年加以修订，但仍然显得十分简陋。综观新《办法》，文化行政部门的监管职责有二：1. 在其住所地县级以上工商行政管理部门领取营业执照之日起 15 日内，到其住所地县级以上文化行政部门备案。2. 县级以上文化行政部门应当建立美术品经营单位的信用档案，将企业的服务承诺、经营情况、消费者投诉情况记录在案，定期向社会公示。实际上，新《办法》给我们的信息是美术品基本上与工商部门制定的一般企业准入标准一致，只是考虑到美术品经营专业性较强的特点，仍保留了对专业人员的数量要求。笔者认为，把画廊的市场管理方法等同于普通商户，完全交给工商部门，有可能出现忽视书画作品的艺术特点，以一般商品的标准来要求商家的情况，比如说明码标价对于普通商品是应该的，但对于字画来说几乎不可能办到。

众所周知，在国际市场上，艺术品经纪人制度是比较规范和成熟的，而我国尚未建立完善的艺术品经纪人制度，私人交易的问题依然比较突出，私人交易严重制约了艺术品经纪人的发展。而且由于缺乏经纪人制度，我国的艺术品市场难以与国际市场接轨，我国艺术品很难通过正规渠道进入国际市场，导致艺术品走私现象严重。私人交易的问题不仅使国家损失了税收，更重要的是破坏了市场秩序，影响了我国艺术市场在国际市场中的信誉。新《办法》并没有试图建立一种中国的经纪人制度（包括画廊、拍卖行、展览公司制度）而是从中规定从事美术品经纪活动的专业人员不得在两个或两个以上美术品中介服务单位从业，新《办法》似乎努力规范艺术品经纪人的行为，但实际操作中对于经纪人却是难以监管的。

其次，在行政执法方面，也存在种种需待完善之处。以上海为例，根据中办、国办转发的《中央宣传部、中央编办、财政部、文化部、国家广电总局、新闻出版总署、国务院法制办关于在文化体制改革综合性试点地区建立文化市场综合执法机构的意见》（中办［2004］24号），上海市委、市政府在2004年12月30日批准设立市文化市场行政执法总队，至2005年9月，全市19个区县也相应设立了文化市场行政执法大队。总队和大队分别是市政府和区县政府直属的行政执法机构，具有行政执法主体资格。根据有关规定，文化综合执法机构的执法范围包括营业性演出管理、娱乐场所管理、互联网上网服务营业场所（网吧）管理、信息网络传播管理、美术品经营管理、社会艺术水平考级管理等23个大的门类、50个事项。执法依据涉及72个法律、法规和规章。也就是说执法主体是明确的。但是，从上海文化市场行政执法总队执法依据涉及的72个法律、法规和规章中，只有文化部的《美术品经营管理办法》是关于美术品执法的，在《美术品经营管理办法》中有明文规定"有美术品合法来源证明"和"美术品经营单位不得经营盗用他人名义的美术品"，但却没有如何证明"美术品有合法来源"以及美术品是"盗用他人名义的美术品"的规定。基于以上分析，可以说目前我国法律法规中根本没有文化市场执法队进行执法的任何直接依据。

（三）市场引导方面

1."诚信画廊"活动

文化部文化市场司近年开展了"诚信画廊"的评选与推介活动，对于活动发起的原因，文化市场司的负责人认为："假画泛滥不仅损害了作者的著作权和消费者的合法权益，让美术作品经营单位无所适从，而且严重影响了我国当代字画的信誉，使得它们在国际市场中的价位普遍偏低。造假行为不被制止，规范经营的机制就不可能建立，美术作品市场也很难得到发展。"于是，政府形成了以画廊牵头，提倡诚信，建立美术作品市场信用体系的思路。① 市场司看到了问题所在，举办"诚信画廊"评选的意愿也是好的，这是政府采取积极措施弥补"市场失灵"的一种表现。但是，这个评选项目的设立和执行，恰恰又体现了"政府失灵"。

"诚信画廊"由文化部在 2004 年正式启动，入选画廊需符合自愿申请、专业画廊、作品健康主流等条件，并参考各省文化管理部门评价、行业间信誉口碑、消费者投诉记录等后确定。画廊必须与一个或几个美术家有签约关系，有专业过硬的艺术总监，经营特色能反映一定的学术理念，引领艺术潮流，有具体措施和章程保证对消费者负责，如退还机制等。

"诚信画廊"评选还包含复查环节，即在画廊入选后，文化部门会不定期对其明察暗访，入选画廊名单将公示 3 个月，一旦有投诉，将进行核查，一出现问题，就列入"黑名单"。此前评选的 46 家"诚信画廊"有 7 家后来被取消资格，在 2009 年的复查中被摘去"诚信牌"。文化部的通知称，"被摘去'诚信牌'的部分画廊是因为企业经营范围、注册地、法人等重要情况变更，而且未按规定到所在地文化部门备案，部分画廊是因为近年来经营萎缩不符合诚信画廊入选标准而被取消诚信称号。这些被取消诚信画廊称号的企业不得再以诚信画廊名义对外开展宣传和营销活动。"②

"诚信画廊"活动自开展以来，业界质疑的声音一直未断。对于评选标准中的"专业画廊、作品健康主流等条件，并参考各省文化管理部门评价、行业间信誉口碑、消费者投诉记录等"，以及"画廊必须与一个或几个美术家有签约关系，有专业过硬的艺术总监，经营特色能反映一定的学术理念，引领艺术潮流，有具体措施和章程保证对消费者负责"等颇有疑

---

① 文化部文化市场司副司长张新建在由政府主管部门主办、政府直属部门承办的首次"画廊推介展暨国际画廊邀请展"开幕时接受记者的采访时的讲话。见朱虹子《以诚信画廊带动艺术产业》，《人民日报（海外版）》，2004 年 11 月 30 日。

② 江村：《艺术市场之毒：诚信危机》，《东方早报》2009 年 2 月 6 日。

问。《深圳商报》曾发表《诚信画廊评选：一声无奈的叹息》一文，作者提出了一系列的问题："评选诚信画廊，是不是假设那些新开张还未参评的，或规模小不够资格参评的画廊都是不够诚信的？只有经过文化部的评定，才算诚信？还有，那些曾经被评为'诚信画廊'的画廊，因为不够诚信被摘了诚信牌子的，到底做了多少不诚信的事儿，有没有交给工商部门去处理？有没有涉及商业诈骗等犯罪问题交给司法机关去侦查立案？当初评选这些画廊的评委们要不要问问责？被摘除了诚信牌子的画廊，还能不能允许它继续经营？要不要交给工商部门去查处、罚款或关闭？开画廊要经过各地文化部门的批准注册吧，既然都批准注册了，还要去评是否诚信，那当初审核的时候干吗去了？审核过了，还要经过诚信的评定，到底是哪一道手续多余了？"[1] 这些问题的答案确实到现在公众也无从知晓，评选活动的透明度还是很欠缺。这样一个死板"结果"，而不给出"运算"过程的做法与透明政府、服务政府的理念相左。在文章最后此文作者还指出"中国艺术界的许多问题包括美术作品市场出现的问题，很多应由权力美术家去负责。这些人造成了市场的不公平不公正，浪费纳税人的钱，垄断国家艺术资源"[2]。这篇文章在行文风格上颇有"野性"，但也确实反映了很多业界人士的心声。

2. 艺术品博览会

在美术作品交易市场中艺术博览会就突出地表现出政府过度干预导致"政府失灵"的问题。在我国艺术博览会的产生和发展中始终可以看到政府的直接影响，但近年的艺术博览会出现了政府色彩逐渐淡化，政府自觉淡出的新趋向。一方面，我国出现了"艺术北京"、"中艺博"、"上海当代"等几大民间艺博会；另一方面，政府逐渐由直接操办转变为间接支持。这些趋向都在说明艺博会体现出的"政府失灵"现象正在得到弥补。广州艺术博览会是我国最早的艺术博览会，也是"中国艺术博览会"的前身，是中国较有影响力的艺博会，比较具有代表性。此外，笔者曾参与了2005年的广州艺博会部分展览工作，故本文以广州艺博会的历史与现状为

---

[1][2] 许石林：《诚信画廊评选：一声无奈的叹息》，《深圳商报》2009年2月6日。

例对艺博会体现出的"政府失灵"加以说明。

打开广州艺博会官方网站①，在其"展会介绍"一页，写道："1993年，中国艺术博览会在广州举办，1996 年在中国艺术博览会的基础上举办首届广州国际艺术博览会。迄今已成功举办 13 届，而且广州国际艺术博览会始终由政府在组织统筹，保证了艺博会的权威性和品质。作为中国艺术领域的会展活动，广州国际艺术博览会组织机构一直视'促进中外文化交流，繁荣中国艺术市场'为己任，广州国际艺术博览会是广州市重点支持的大型文化活动，是广州精神文明建设和实施现代化中心城市发展战略目标的重要组成部分，是广州市文化事业建设的重要内容；同时，也是中国美术家协会牵头主办的国际性艺术博览会。"② 此段介绍了广州艺博会的组织统筹及牵头主办方均是政府或政府主导的协会。2009 年 12 月的第 14 届广州艺博会是经国家文化部批准，由中国美术家协会、广州市人民政府主办，广州市文化局承办，广东亿时代文化传播有限公司承办执行。

广州艺博会在概述第 13 届的业绩时，写道："虽然金融危机对全球的美术作品市场造成雪崩，但以中国经济为后盾的第 13 届广州国际艺术博览会仍获得了成功，各方面业绩均胜往届。2008 年广州国际艺术博览会展览面积近 10000 平方米，汇聚众多世界各地画廊和美术家，展出数千件优秀艺术作品。有来自法国、德国、意大利、韩国、美国、日本、俄罗斯、朝鲜等 10 多个国家和地区的画廊、美术家和艺术作品参展，其中伊朗、委内瑞拉、厄瓜多尔、波黑共和国的艺术作品首次亮相于广州国际艺术博览会。"第 13 届广州艺博会的主要业绩是展出我国及世界其他各国的艺术作品，而对艺博会本来的销售功能只字未提，只是说"各方面业绩均胜往届"。在其赞助商一栏，可以发现是空白，也就是说很少有商业赞助广州艺博会，与"艺术北京"依靠赞助形成鲜明对比。这是"政府失灵"理论中政府行动与"成本—收益"关系隔断的一个体现。

2009 年的第 14 届广州艺博会据报道，"发生多项变革，广州文化局首

---

① 因本文写作于 2010 年，为保持原文思路，仍引用当时网页材料。

② http://www.gzartfair.com/pages/ShowContent.aspx? catid = 66 | 39 | 40。

次以招标形式，将艺博会外包给企业承办，举办地点也将从锦汉展览中心移至白云国际会议中心举行"。据第 14 届广州艺博会官方网站 2009 年 12 月 12 日报道，"约有近 80000 观众进场参观、淘宝"，"目前展商已售出了大量展品，成交额逾 3000 万元，众展商反映强烈"；据 2009 年 12 月 10 日报道："广州艺博会首日迎来了近 20000 观众，众多收藏家和采购单位都早早地前来物色新锐。截止到下午六点，广州艺博会的艺术展品共售出 1000 多件，总成交额为 500 多万元，远超预期。"这些数字是怎么来的，如何统计，如何计算，都是问题。更为紧要的是，政府举办此次艺博会到底取得了什么效益，得到了哪些利润，报道总是回避的。

据广州当地媒体《新快报》报道：今年艺博会第一次"下嫁"企业，但交出的答卷不太令人满意，展品绝大部分是大路货。不少书画好爱者在巡厅观展后，面露难色，叹息连连说："身为全国三大国际艺博会之一，怎么看起来像'摆地摊'呢？可惜了。"而很多专业画家、书法家则疾呼：切莫让这块羊城艺术金字招牌毁了。"摇头、叹气、皱眉、匆匆离去……这是昨日展场内惯见的众生相。有人为找不到赵少昂、黄永玉、陈逸飞等大师力作而失望；有人为马克·夏加尔的版画只来了复制品而遗憾；有人为艺术会场里竟然做起茶叶、女士围巾等买卖而不满；有人为会场缺少指引找不着厕所而着急。"[1] 甚至被总结为三怪：专业观众少、老人看热闹、画家摆地摊。

3. 美术作品评估委员会的鉴定评估

2006 年文化部文化市场发展中心设立了美术作品评估委员会（现已被撤销）。根据《美术作品评估委员会章程》（试行）第三条规定："评委会的宗旨是：贯彻党的改革开放政策，坚持'二为'方向，依靠美术作品领域专家和市场专业人士的专业智慧，根据市场供需情况，结合先进科学检测技术，引入司法公证与法律资讯服务，联合组成科学规范的美术作品评估体系，开展美术作品研究评估业务。为加强文化市场管理，逐步培育和规范美术作品市场，维护经营者和消费者的合法权益，发展和繁荣美术

---

[1] 陈琦钿：《艺博会专业观众少　老人看热闹》，《新快报》2009 年 12 月 11 日。

作品市场提供服务。"第六条规定:"评委会的职能是立足在文化部管理的文化市场范围内开展美术作品评估、研究、检测、防伪、资讯和培训等服务工作,并配合文化市场管理部门的科学管理。提供美术作品市场信息、美术作品成果、美术作品市场经营状况等服务。"

对于美术作品评估委员会成立的意义,有评论认为"成立美术作品评估委员会一直谈论了很多年,在 2006 年 5 月 13 日终于成立了,虽然这是一个老话题,但仍属于新生事物,它的成立,填补了我国当前美术作品市场由政府组织的、具有权威评估领域的一大空白,为积极推动市场可持续繁荣发展,具有深远的影响"①。从成立时发布的新闻通稿来看,美术作品评估委员会预想的作用是:"首先,评委会对规范发展中国文化市场起到了重要的促进作用。⋯⋯可以有效地健全美术作品市场服务体系,引导市场、服务市场、促进市场。其次,改变了美术作品市场目前没有权威、系统的评估服务机构的局面。⋯⋯通过美术作品评估委员会的成立,充分发挥委员会成员的作用,不仅可以保证评估工作的信誉和严肃性、公正性、权威性,还可以有效地发掘、发现更多的美术家和美术作品,也将进一步为诚信、品牌的美术作品企业搭建宣传、交流的平台,扶植这些优秀企业、优秀人才、优秀产品进入国际市场,提升中国美术作品企业在国际市场中的信誉度,扩大中国文化产品的市场占有率。再次,可以有效地建立起有利于美术作品健康发展的价格体系。遏制盲目炒作、恶意哄抬价格现象和引导部分长期被低估的有价值的美术作品价格攀升,防止美术作品价格体系畸形发展。最后,美术作品评估委员会的成立有效地健全了诚信经营的美术作品市场机制。在政府的支持和倡导下,美术作品评估委员会作为政府部门引导、培育市场的一种手段,对于推进美术作品市场信用体系的建设、行业规范制度的建设有着重要的保障作用。"②

---

① 《艺术品评估将有国家标准——评文化部文化市场发展中心艺术品评估委员会的成立》,《艺术市场》2006 年 7 月。

② 具体情况报道参见《文化部文化市场发展中心艺术品评估委员会成立》,雅昌艺术网,http://news.artxun.com/shufa-1182-5909971.shtml;《艺术品评估将有国家标准——评文化部文化市场发展中心艺术品评估委员会的成立》,《艺术市场》2006 年第 7 期。

关于评估委员会的成立是否是机构重复，是否会浪费政府资源的问题在其成立前的准备阶段就颇有争议。据 2003 年 12 月 11 日《新京报》报道，"有关人士向记者透露，原定于 11 月 28 日成立的中国文化美术作品鉴定委员会成立大会已被紧急叫停，原因是国家文物管理局有关部门向文化部领导反映，中国文化美术作品鉴定委员会和已经成立的国家文物局国家文物鉴定委员会职能有冲突，坚决不同意成立这一委员会，因此文化部决定对此再作研究"。原因就在于"国家文物局相关负责人坚持认为，根据目前的法规，文物的真伪、价值鉴定是文物局和国家文物鉴定委员会的职责，而文化部文化市场司有关人士强调文化美术作品并不全是文物，而且成立文化美术作品鉴定委员会将侧重于现当代美术作品的鉴定，和国家文物鉴定委员会职能不会发生冲突"。在这篇报道的最后，记者给出了一个背景："著名书法家、文物鉴定家启功任主任的国家鉴定委员会的委员不足百人，而且委员平均年龄在 65 岁以上，他们主要是受文物部门委托对一些正规馆藏文物、出土文物进行鉴定，而民间流散的大量文物、美术作品的鉴定一直处于模糊状态。文物鉴定不仅涉及上百亿的收藏市场，而且本身也越来越成为一个有着可观利润的行业。"①

文化市场发展中心是文化部直属的事业单位，具有发展、引导文化市场、规范活跃文化市场的事业职能。其组织成立的美术作品评估委员会与社会上已有的商业性评估机构有着很多的区别，如它是由文化部支持下成立的现当代美术作品评估鉴定机构，接受文化部的指导和管理，除考虑经济、商业运作外，更关注社会效益和规范市场秩序的责任。这是评估委员会的功能预想的一个理论基础，笔者认为这个基础基本是正确的，无可厚非；但在其新闻通稿中提到"一些单位和个人也建立了一些评估机构，但由于艺术评估人才的稀缺和商业利益的驱使，这些机构不能真正起到权威、公正的作用"，而美术作品评估委员会的成立"改变了美术作品市场目前没有权威、系统的评估服务机构的局面"，这一点的出发点就是只要是政府设立的鉴定机构天然具有权威性和公正性，而商业鉴定机构由于利润的驱动天然

---

① 周文翰：《文化艺术品鉴定权起纷争》，《新京报》2003 年 12 月 11 日。

倾向于"不能真正起到权威、公正的作用"，这是值得商讨的。

从评委会的构成来看，评委会有很多美术界的著名书画家，但都是顾问，而评估委员的知名度不高。在当今美术作品市场中争议最多的是近现代书画家的作品，如潘天寿、关山月、陆俨少等，而这些著名书画家的专门研究机构潘天寿美术馆、关山月美术馆、陆俨少艺术馆等单位并没在其中。

程序上来看，《美术作品评估委员会章程》（试行）第十二条规定："如评估结论或意见出现争议，由评委会分管副主任召开有关人员参加的评估办公会进行集体研究，评估结论或意见需有超过到会委员半数以上通过后方可作出决定。评估中如有不同意见允许保留，但需服从评委会的集体决定。"评估委员会并没有对解决争议的评估办公会的参与人数做最低限制，且只需到会委员半数就可决定，对于以"眼学"为主的书画鉴定来讲，笔者认为这是不严谨的。

实践中，评估委员会在一些美术作品交易官司中起到了一些好的作用，对美术作品鉴定结果引入司法审判具有一定示范意义。文化部文化市场发展中心美术作品评估委员会在"孙越仁诉袁龙宝买卖书画合同纠纷案"中就起到了决定性作用。2006年3月下旬，原告孙越仁到被告袁龙宝家中协商购买其收藏的一幅书画作品。在买卖过程中，原告多次询问被告作品的真伪，并要求被告出具真品保证书，但被告称自己也不能确定，拒绝出具保证书，而是让原告自己决定。原告当场进行鉴别，又将作品拍照带回家中进行鉴别。最终原告认为该作品是真品，并与被告协商以1.1万元的价格购得。原告购得作品后，对该幅作品的真伪仍有怀疑，经多位同行鉴别，认为该幅作品为赝品。后原告诉至法院，以被告欺诈为由请求撤销买卖合同，返还货款1.1万元，并赔偿利息损失2000元。被告则称其始终没有承诺是真品，不存在欺诈，原告作为内行自愿出价1.1万元购买，即使确系赝品也应依行业习惯责任自负。在诉讼过程中，原告申请对该作品进行鉴定，预缴鉴定费1.5万元，经法院委托文化部文化市场发展中心美术作品评估委员会进行评估，认定该作品为赝品。一审法院认为："原被告之间就以1.1万元的价格买卖涉诉书法作品达成合意，双方之间的买卖合同已经生效。在订立合同的过程中，原告多次询问被告作品的真伪，多次进行鉴别，并要求被告出具真品保证书，最终以1.1万元的高价购得该作品，故可以认定原告的真实意思是购买真品。被告明知原告的真实意思，但没有明确表示该作品的真伪，而是采取放任的态度，任由原告自行判断、自行决定，不存在欺诈的故意，故原告认为被告以欺诈的手段使其在违背真实意思的情况下订立合同的主张本院不予支持。但是，原告因为自己主观上的失误，对标的物的真假性质产生误解，使得原告的合同目的根本无法实现，故原被告之间的买卖合同是因原告重大误解订立的，依据法律规定属于可变更或可撤销的合同。"袁龙宝不服提起上诉，徐州市中级人民法院经审理认为："袁龙宝是在不能确定书法作品真伪的情况下，将作品出卖给孙越仁，孙越仁因重大误解做出了错误的意思表示，因此，双方的买卖合同属于因重大误解订立的合同，应予撤销。上诉人的上诉理由不能成立，故判决：驳回上诉，维持原判。"[①]

同时，在另一些案件中评估委员会的权威性也遭到了质疑。在德翰置业诉中贸圣佳一案中，自称在中贸圣佳国际拍卖有限公司（下称"中贸圣佳"）举办的拍卖会上拍到的25件文物中，有17件均为赝品，德翰置业集团有限公司（下称"德翰置业"）告上法院，索赔5 800余万元。其中争论的一个焦点就是"对于德翰置业委托的文化部文化市场发展中心美术作品评估委员会等鉴定机构，中贸圣佳认为，这些鉴定机构出具的鉴定报告的资格和权威性有待法院确认。其代理人称，某些鉴定机构的'科技鉴定方法'与文物美术作品通行的鉴定方法全然不同，有些鉴定意见表述还存在用语前后矛盾的现象"[②]。

三、美术作品交易市场中出现"合约失灵"

"合约失灵"（Contract Failure）是美国法律经济学家亨利·汉斯曼（Henry B. Hansmann）在1980年发表的《非营利企业的作用》一文中最早

---

① 关于此案参见《孙越仁诉袁龙宝买卖合同纠纷案》，江苏省徐州市铜山县法院网，ht-tp：//tsxfy. chinacourt. org/public/detail. php？id＝20。

② 裴晓兰：《买主称拍得17件文物均为赝品 拍卖公司遭5800余万索赔》，《京华时报》2008年10月31日。

提出来的。①"合约失灵"是指由于信息不对称，导致仅仅依靠生产者和消费者之间的契约难以防止生产者坑害消费者的机会主义行为出现的现象。

汉斯曼认为，在有些情况下，要么由于购买产品的具体情况，要么由于产品本身的性质，消费者与生产者在关于产品和服务的质量上存在明显的信息不对称，消费者无法准确判断厂商承诺提供的商品或服务，如去医院就医的患者很难判断医院的服务质量，因为他们不像医生那样具有专业医学知识。以上就是通常所说的消费者与生产者之间的信息不对称，信息不对称使消费者往往缺少足够的信息来评估产品和服务的质量，这就使得他们往往在最初不能达成最优的契约，即使契约达成，也很难让它得到真正实施。生产者完全有能力通过提供劣质商品来获取额外的收益，结果消费者的福利蒙受了大量的损失。由于信息不对称，仅仅依靠生产者和消费者之间的合约难以防止生产者坑害消费者的机会主义行为，这就出现了汉斯曼所说的"合约失灵"现象。

（一）市场的"不确定性"和"机会主义"使美术作品交易需要合同契约

"不确定性"是指交易双方各自在其所有权范围内行事，但由于两种所有权范围相互交叉，各自的界线不确定，造成一方对另一方的损害，从而双方的收益分配也是不确定的。也就是说，财产所有者们是否有权去损害他人利益，或是否有权制止他人对自己的损害都是不确定的。为什么在所有权明确的条件下会产生"不确定性"问题呢？其原因就是对财产的占有、支配、使用等属于此财产所有者所有权范畴的功能，而交易却至少是两个所有者之间的事情，这显然已超出了一种所有权的权能范围，而成为两个所有者之间的关系，即双方对自己和对方财产收益的权、责、利关系应如何确定的问题。这里可以看出，"产权"实际上是涉及两个所有权之间的关系。为了减少"不确定性"，交易双方会签订更为详细的合约来尽可能的减少不确定性给双方在未来带来的损失。

---

① Henry Hansmann, "TheRole of Nonprofit Enterprise", Yale Law Journal, 1980, Vol. 89: 835 – 901. 转引自王绍光：《多元与统一——第三部门国际比较研究》，浙江人民出版社1999年版，第33—34页。

交易是"以货币为媒介个人或组织之间的物品和劳务或权利的让渡"，即平等主体的自然人、法人、其他组织之间设立、变更、终止民事权利义务关系的协议行为，也就是合同①。交易的过程实质就是订立合同、履行合同的过程。当然，这里的合同不一定是书面合同，很多是口头合同。根据我国现行《合同法》第十条规定："当事人订立合同，有书面形式、口头形式和其他形式。"要强调的一点是书面合同的形式问题。在法律上，书面合同包括合同书、信件和数据电文（包括电报、电传、传真、电子数据交换和电子邮件）等。"合同书是合同的书面形式"，但"合同的书面形式不一定就是合同书"。另外，合同成立并不代表合同生效。绝大多数合同成立即有效，但有的合同需要到政府部门备案或登记后才生效；附条件的合同，待合同所附条件实现后才有效；无权代理合同，要待被代理人确认后才生效。

在美术作品交易之前，美术作品和货款的所有权都是清晰的，但我们会发现在美术作品交易这一活动开始之后，也就是从讨价还价开始，双方所有权开始出现"不确定性"。下面通过表格的形式对美术作品交易中的"不确定性"进行说明。

寻找交易对象	所有权清晰
讨价还价	货款所有权开始模糊
讨论、确定合同	美术作品所有权出现"不确定性"
监视对方是否遵守合同	货款和美术作品的所有权都处于"不确定"状态
自己贯彻合同	转移美术作品和货款的所有权
防止第三方的侵害	第三方侵害造成更多"不确定性"

交易双方在交易的过程中，各自的所有权都由于对方的介入产生了部分"失效"，产生了"外部性"。参加交易的双方以及没有参加交易但想分享利益的第三方都想将"外部性"产生的利益归为自己所有，这就产生了对"外部性"利益的争夺，就产生了"谁拥有什么权利损害其他人利益

---

① 《合同法》第二条对合同的定义。

的权利"的问题，即产权界定问题。如前所述，解决的方式有两种：一是诉诸法律；二是私下交易。在实际经济活动中，诉诸法律的成本一般大于私下交易，所以美术作品的产权界定一般通过私下交易的方式进行。这就是美术作品交易的过程。美术作品交易的结果就是基于美术作品和货款形成之产权的流转。根据交易成本理论，美术作品交易是需要费用的，因而美术作品交易的结果不一定是基于美术作品所形成诸多权利的最佳分配，因为大部分美术作品交易由于交易费用过高以致没有了再深入寻找最佳交易对象的必要。在交易费用大于零的世界里，不同的权利界定会带来不同效率的资源配置，由此可见权利初始界定的重要性。但如果所有的产权在最初都被完美界定了，以后就不会也没有必要出现交易活动了。由于产权流转的结果大部分是不完美的，特别是随着各方面条件变化之后，这就产生了再次界定的需要，于是美术作品交易又得以再次进行。

"机会主义"是行为人用狡猾的手段，如说谎、偷盗、欺骗及更复杂的欺骗形式，追求对自己有利的目标，从而损害他人的利益，最终损害到自己或者社会的利益的行为倾向。信息经济学对机会主义行为的解释是：人们总是利用只有自己知道而博弈对方不知道的信息，做出对自己有利而有可能使对方收益减少的行为。机会主义行为表现为逆向选择和道德风险。逆向选择是一种事前的机会主义行为，即签订契约的一方利用对自己有利而对方不知道的信息签订一些双方都认可的契约而使自己以后获益；道德风险则是一种事后风险，指一方利用对方无法完全测量自己行为的短处，而做出违反初始契约规定而有利于自己利益增加的行为。机会主义倾向有事前和事后两种，事前机会主义的存在，要求对交易双方的情况进行了解，这是交易前所必须支付的成本。事后的机会主义的存在，则要求对交易双方未了事宜进行检查和监督，防止可能的违约行为。从美术作品交易市场角度看，对交易双方来说，合同一旦签订，就建立起一定的风险与收益的分割方案。但是，当交易一方不讲信用而倾向于机会主义行为时，就破坏了具有稳定预期的收益方案，交易行为没有了效率保证。美术作品交易中大量存在"一锤子买卖"心理，这是机会主义倾向的一个重要原因。由于美术作品本身性质太过复杂和专业，消费者无法获得有效信息或没有能力去分析获得的信息，因而无法对其进行有效监控和评估。拍卖行拍卖的美术作品，买受人常常没有拍卖行那么多专业知识，由此而产生的信息不对称，使竞买人可能会付出更多的代价取得这些作品，如找人"掌眼"等。

（二）美术作品交易市场信息严重不对称导致"合约失灵"

美术作品品类众多，专业性极强，对于购买者来说，没有长期的学习和收藏经验，可能只知"听人说"，而不懂"亲眼看"；每一类别的美术作品都有巨大的存世量，且其中在世的美术家处于不断生产的过程中，而过世美术家的造假新作也在不断涌现，对于购买者来说，买不胜买；美术作品造假的专业技术水平以及科技含量越来越高，对鉴定专家的眼光构成挑战，一般的购买者没有能力辨别那些连专家都有争议的学术问题，故美术作品交易市场是一个信息严重不对称的市场。

1. 鉴定专家信用问题

传统的美术作品鉴定是一种靠经验的"眼学"，没有建立科学、公正的评估鉴定标准和程序，"打眼"、"掌眼"、"走眼"等鉴定行话都反映了这一点。在地域性强、规模不大的"熟人"交易环境中，鉴定者凭着"口碑"，形成了一定的专家信誉；但随着艺术品交易市场的大规模兴起和交通的方便，参与者已经不是传统的"圈子"，而是一个基于现代市场理念和法律制度的"生人"社会，于是在现代专家认证制度不完善的情况下，各种各样的专家出现了。很多专家只是懂一些收藏知识，但并不懂鉴定；或者有的懂古画鉴定，但对于现代作品缺乏研究；有的鉴定者只是精于某一流派，而对其他风格较为外行。一些博物馆、美术馆利用专业的优势自行开展评估鉴定业务，甚至一些稍有美术鉴定常识的个人也在承担艺术品鉴定的职能，多头鉴定标准和鉴定结果，使消费者无所适从，因真假问题引起法律纠纷。

鉴定专家对于艺术品收藏是重要的，此外，在法院的审判中同样需要鉴定专家的意见，这是关乎司法权威性的大问题。由于权威鉴定机构和鉴定标准、程序的缺失，艺术品真假案往往成为难以解决的案件。从法律角度说，不是艺术品市场实体法缺位，而是证据程序的缺位。王定林诉浙江国际商品拍卖中心张大千《仿石溪山水图》一案反映了这一问题。1995年王定林先生在杭州'95秋季书画拍卖会上，以110万元人民币购得张大千《仿石溪山水图》。为了确保所购作品系真品，王定林亲自向北京的徐邦达先生和上海的谢稚柳先生请求鉴定。徐、谢二人是当代画坛鉴定权威，然而其鉴定结论却截然相反。徐先生的鉴定结论是：此画是赝品，值110元差不多了吧。谢先生的鉴定结论是：此画为真迹无疑。王定林遂于1996年1月向法院起诉，要求浙江国际商品拍卖中心收回此画，退还画款，拍卖中心辩称，谢稚柳的鉴定是值得信赖的，拍卖行的行规规定："买家应仔细观察拍卖原物，慎重决定竞拍行为，并自愿承担责任。"据此，拍卖中心不同意王定林的诉讼请求。此案一审、二审均判定王定林败诉。王定林不服判决，向最高人民法院申诉。1998年12月30日，包括国家文物鉴定委员会主任委员启功、常务委员刘九庵在内的全国10余位专家对最高人民法院送鉴的张大千《仿石溪山水图》进行鉴定后，一致认为该幅作品为赝品。① 可见，美术作品的鉴定是一个专业性很强的工作，鉴定中的委托人与被委托人存在信息不对称，另外，即使被委托人尽全力而为也会出现鉴定结果难确定的问题。

2. 美术作品交易中的"保真"问题

美术作品"保真"问题反映在法律上其实就是消费者"知情权"和画廊、拍卖行"合理免责"之间的冲突。由于美术作品交易中存在一定风险，特别是在鉴定体系不完善的情况下，作品保真的风险就更大。但"不保真"与"知假卖假"有本质区别。"不保真"仅仅是说拍卖行可以在其拍卖规则中声明，对有关作品的真假描述不承担担保责任，这是拍卖不同于其他买卖活动的一个特殊的地方。知假卖假却是出售者知道某件美术作品是伪作，但却以真品价格出售、拍卖，此后却以"不保真"为挡箭牌，不承担欺诈责任。据了解，国外的拍卖行一般都不说自己保真。不保真不等于该拍卖行可以随意拍卖假货。拍卖行对任何拍品都负有一定的核实的

---

① 洪丽萍：《拍卖槌声下的纷争》，《市场报》1999年12月18日，第5期。

义务。实际上，一些讲信誉的国际拍卖行很少发生拍卖假货的事情。

2009 年南京市鼓楼区法院审理的某画廊出售喻继高工笔花鸟画一案就反映了假"保真"引发的"合约失灵"。① 徐州市民张先生经朋友指引来到位于南京鼓楼的一家画廊，花 15 万买下一张题为"和平之春"、署名为"喻继高"的工笔花鸟画，画廊出具了一份"收藏证书"，"收藏证书"上有承诺：作品保真，如专家鉴定此作为赝品我们将全额退款。张先生几经考虑终于找到画家喻继高本人对该画进行鉴定。喻继高给张先生出具的一份"作品鉴定书"认为，该作品经严格审定系伪作。张先生遂与画廊交涉要求退还购画款，画廊认为，这幅画已经离开画廊多天了，现在要求退画，不能断定这张画是否就是画廊卖出的那一张。几经交涉无果，张先生只得到法院起诉。庭审中，原、被告双方就购画合同的有效性以及画作是不是画廊所出售的那一张等焦点问题展开了激烈辩论。原告代理律师认为，本案涉及了举证责任分配的问题，根据"谁主张、谁举证"的原则，张先生向法院提供的证据包括画作本身、盖有画廊印章的"收藏证书"以及收据。这三份证据证明了原、被告双方买卖合同关系成立，原告为购买画作支付了画款。被告在"收藏证书"中的承诺是对画作品质的一种担保，这种担保也构成合同条款的一部分，负有义务的一方应当遵守。被告虽然提出了"合理"的怀疑，但在法庭上没有出示一份证据，又不能说出该画作的合法来源，根据法律规定应承担举证不能的后果。鼓楼区法院经审理支持了张先生的诉讼请求，一审判令被告某画廊返还张先生购画款 15 万元。

3. 美术作品的"代笔"问题②

代笔书画虽然是经本人授意而成，和模仿、假冒不同，但从实质上讲，总是出于另一人之手。代笔书画虽然不是本人的亲笔，但是经过本人同意，所落的款或印是本人书写或钤盖的。因此，从理论上而言，代笔书画不能算是赝品，但从实际来看，亦不是真品。以前代笔多半是求画者的要求超出了画家能及范围，或是因索取作品的人太多，应接不暇时，画家

---

① 魏晓昕：《15 万买来假画法院判画廊退款》，《新华日报》2009 年 11 月 13 日。
② 参见笔者在 2009 年第 4 期《画廊》杂志发表的《"代笔"引起的"欺诈"问题》一文。

会找一些画艺水平与自己相当的人代而为之，因此画作仍具有相当的艺术水准。但随着艺术市场的发展以及绘画中形式感、冲击力因素的增强，有些画家先低价请一些美院学生做"枪手"，让他们按自己的风格制作一批作品，然后亲自出手"收拾"一下，盖章、签名，然后出售。

我们首先要讨论的问题是，"代笔"属不属于"作伪"？所谓"作伪"，就是制造假的冒充真的。那么，代笔属不属于冒充行为？也就是说，代笔行为就是冒充画家本人作画，只是画家本人同意而已。单独来分析的话，其实代笔就是一种以假充真的行为，画面的线条、色彩甚至构图都不是画家本人亲手，由此产生的作品也是假的，是赝品。又可以分为两种情况：一、完全代笔，就是整幅作品被代笔的人一笔不着，完全由代笔人绘制、书写，甚至落款、题跋都由代笔人完成。此类代笔作品在书法代笔中常见，因为书法作品须保持行气和笔迹的统一，但印章仍然是真的。二、局部代笔，就是某个部分、某个步骤、某种动植物由别人代笔，此处原因可能是被代笔人不想做一些耗时的工作或者做不好某些步骤。所以，从代笔作品本身来讲，代笔作品完全或部分是伪作，而"代笔"就是"作伪"，只不过此种作伪得到了被作伪人的许可和认同。但是被代笔人在送出或出售代笔作品时一般不会告诉对方送出或出售的作品是代笔作品，画廊在代理画家作品时更不会标明或说明某作品属于代笔作品，这就涉及到法律中的"欺诈"问题了。

被代笔人出售代笔作品，有两种分析角度，若作品被看成是"产品"，那么根据《商标法》，印章、固定的签名形式可以看作是某美术家的商标，此美术家许可他人使用此商标，并承担由此引起的法律责任，那么，出售此类代笔作品就不属于欺诈。若作品被看成特定美术家提供的特定"服务"，那么，这种服务是具有特定人身性质的，只能由此美术家完成。若此美术家请人代笔，而又"表示"此作品为此美术家作品，并出售给其他人，那么，就符合《关于贯彻执行"中华人民共和国民法通则"若干问题的意见（试行）》第68条中规定："一方当事人故意告知对方虚假情况，或故意隐瞒真实情况。诱使对方当事人作出错误意思表示的，可以认定为欺诈行为。"

第四节　美术作品作者财产权救济制度的无效率

法律救济，是指通过法定的程序和途径裁决纠纷，维护受损一方的合法权益，并给予其法律上的补救。法律与一般商品相似，存在一个"法律市场"，在这个市场中有"供给与需求"，也存在"成本与收益"。法律的供给是由广义政府提供的，在我国包括权力机关的立法、国务院的法规、最高人民法院的解释以及部门条例等具有法律性质的各项规定；而法律的需求表现在公民解决纠纷即是对法律制度的需要。

中国与艺术有关的立法主要分布在民商法、经济法、刑法三个领域。民商法系统中主要有《民法通则》、《物权法》、《合同法》、《担保法》、《著作权法》、《商标法》和《公司法》。经济法体系中主要有《拍卖法》、《反不正当竞争法》、《消费者权益保护法》、《税收征收管理法》、《个人所得税法》、《企业所得税法》、《公益事业捐赠法》、《劳动法》、《文物保护法》。刑法主要有《刑法》第二百一十七条和第二百一十八条及妨害文物管理罪的规定。从上一节的案例来看，侵犯美术作品作者财产权主要涉及到民法，严重的会触犯刑法，但还没有资料显示有人因"制作、出售假冒他人署名的美术作品"触犯《刑法》第二百一十七条而被判刑。除法律之外，我国尚存在大量的行政法规来规范艺术领域的活动。主要行政法规有：《印刷业管理条例》、《进出口关税条例》、《著作权法实施条例》、《信息网络传播权保护条例》、《著作权集体管理条例》、《出版管理条例》。主要的部门规章有：《美术品经营管理办法》、《艺术档案管理办法》、《文化市场行政执法管理办法》、《互联网著作权行政保护办法》、《文化市场稽查暂行办法》、《文化行政处罚程序规定》。中国先后事实上和正式地确认了"法治"目标，超高速地制定法律，试图通过大量立法的方式解决现实中的问题。然而，国家所制定的法律连同这种新的调整方式，却遇到了较大挑战，很多法律法规制定后根本得不到实施，产生不了实效。国家制定法的有效性因此受到了极大的质疑，由此引发出了"法的有效性"的问题讨论。

当美术作品作者的权益遭受侵害或者出现纠纷时，很多人都会寻求实现公正的捷径——诉讼。由此，诉讼成为上述案例中作者解决纠纷的方式，但司法救济并非无偿劳动，提起诉讼总是需要成本的。从时间的角度来讲，打官司要经过起诉、立案、调查或侦查、庭审、判决、上诉以及执行等阶段，短则数月，长则几年。从精力的角度来讲，由于美术创作是一件需要专心和静心的工作，诉讼的经年打扰必定占据大量精力，造成创作中的"有心无力"。从钱财来讲，由于美术作品作者不是法律事务的专家，在诉讼越来越专业化的当下中国，高昂的律师费成为美术家打官司必须付出的代价，然而，由于法院存在的息事宁人的判决倾向，加之现实中执行难的情形，"赢了官司输了钱"的情况成为一种常见现象。由此造成的结果是，美术作品作者们理智地回避司法诉讼，而更多的倾向于选择私了、权威调解或者其他非法律手段解决纠纷，但在选择这些方式时就会发现调解机制处于基本瘫痪状态，或者成本更高。若寻求正义就又必须转到司法解决的路径上来，由此，高成本的诉讼成为必然，于是很多人就选择了忍气吞声，结果就是侵权行为愈演愈烈。

一、美术作品作者维权的高成本与侵权者侵权的低成本

就民事诉讼而言，侵权和合同违约官司，是美术作品交易案件中最常见的。民法官司涉及两个重要方面，一是证据获取，二是判决执行。在当下的侵权官司中出现了几个趋向：1. 侵权主体多为公司团体；2. 侵权证据难收集；3. 侵权后果难确定；4. 综合型的侵权责任。如果没有证据就不可能赢得诉讼，判决没有执行就等于纵容违反行为。其次，判决的目的和倾向在有关美术作品的官司中也显得尤为重要，因为直接相关的法律法规很少，法官的意见倾向很重要。在美术作品纠纷的判决中，法院普遍存在"息事宁人"的现象，被侵权人获得赔偿只能勉强抵消起诉费用，但侵权作品的使用费用和对侵权者的惩罚却体现不出来。最后，在最终的判决书中的获赔金额也是非常重要的，若美术家维权成本高、获赔金额少，那么美术家维权的积极性肯定不会抬高，相反，侵权行为或愈演愈烈。就刑

事诉讼而言，"根据我国刑事诉讼法相关司法解释的规定，对于侵犯知识产权刑事案件，除了严重危害社会秩序和国家利益的必须由人民检察院提起公诉以外，受到侵权的被害人也可以作为刑事自诉案件的当事人向人民法院直接起诉。然而，受到侵权的被害人在实践中提起自诉的很少，使得立法规定的这一救济程序没有真正发挥应有的功能和作用"①。

从法经济学的观点来看，很多美术家案例中，"被告从其不法行为中所获得的利益是巨大的，而其给受害人所造成的损失是难以证明的，或者即使能够证明也并不是太多。受害人可能不愿意为获得并不是太高的赔偿金而提起诉讼，甚至可能因为担心不能举证证明损害的存在而面临败诉的危险，从而不愿意提起诉讼"②。

在前文"陈湘波诉娃哈哈酒店"一案中，经过法庭的复杂调查取证和几个月的庭审，北京市东城区人民法院作出一审判决，陈湘波获赔经济损失费两万一千元以及为制止侵权行为所支出的合理费用六千元，共计两万七千元。对此，面对四十九万元的索赔金额和两万七千元的赔偿，拿到判决书的陈湘波一脸无奈："真应验了孙振华之前的预测，从诉讼经济学的角度看，打这场官司可以说是得不偿失。"原来在判决之前，深圳雕塑院院长孙振华在《深圳商报》发表了题为《湘波打官司》的专栏文章，提出对于画家维权，最困难的是下决心，因为"打官司意味着高成本，如果投入的成本（时间、金钱、精力）和获得的回报（一个公正的结果）之间，很难达到收支平衡，如果投入总是远远大于产出，老百姓是会长教训的，他们又不傻，为什么要干这种舍大求小的事情呢？"③ 此文还指出："就算官司打赢了（这种可能性比较大），从已有知识产权案例来判断，侵权者的赔偿不可能太高，这时候，陈湘波如果算上时间成本、精力和其他的因素，从经济学的角度来看，他可能并不合算。"据当事人陈湘波先生

---

① 见最高人民法院副院长、大法官熊选国在中欧知识产权刑事保护高层论坛暨研讨会上的讲话：《加大知识产权刑事司法保护力度为建设创新型国家营造良好法治环境》，中国法院网，http://www.chinacourt.org/public/detail.php？id=213160。

② 王利明：《惩罚性赔偿研究》，《中国社会科学》2000年4月。

③ 孙振华：《湘波打官司》，《深圳商报》2007年7月30日。

介绍，为打这场官司，他的代理律师几次往返于深圳、北京之间，前前后后的费用就超过两万元，更不要说为此花费的精力、时间。陈湘波的代理律师郭剑说："我个人认为这一判决结果并不公平，这一结果让被侵权一方在诉讼过程中遭受了更大损失，从维权经济学的角度来说，陈湘波此次的官司可谓得不偿失。这也说明我们国家对知识产权的保护力度仍然不够。"判决结果下来后，律师劝陈湘波上诉，而陈湘波却打算息事宁人了。陈湘波认为，这个判决结果对维权是不利的，他觉得在侵权如此普遍的情况下，法律应该加大对著作权的保护力度："中国经济发展到一定阶段，如果还不注重对知识产权的保护，长远来讲对文化软实力的增长是不利的。"①

另一个典型案例就是江苏省苏州市中级人民法院审判的刘令华《贵妃醉酒》侵权案②。著名画家刘令华创作《贵妃醉酒》一画，后未经作者许可被多家公司用于多种衍生产品，其中以绣品最为严重。为维护其权益，刘令华经纪公司——上海京粹艺术品发展有限公司（下称"京粹公司"）在北京、上海、苏州3个城市向侵权对象提起了诉讼。江苏省苏州市中级人民法院对苏州市古吴绣皇公司（下称"绣皇公司"）侵犯《贵妃醉酒》著作权案作出一审判决，认定绣皇公司侵权行为成立，判决其赔偿3万元。然而，京粹公司总经理王嘉沐在接受《中国知识产权报》记者采访时表示："一审判决认定了侵权行为，在法律角度来看似乎我们赢了，但作为商业竞争中的一部分，从企业的角度长远来分析，这份判决书宣告了京粹公司维权行动的失败。""盗版的绣品产品一件就能卖到2万至4万余元不等，而在诉讼中折腾了大半年才判赔3万元，刚刚达到一件产品的售价，这样的判赔对震慑侵权毫无用处。"京粹公司代理人靳长华抱怨道，如果算上诉讼中京粹公司的维权投入及精力的消耗，维权成本远远高于补偿，企业很难继续这种赔本的维权。此案参与者、广东信达律师事务所律师汪漩认为：在确定赔偿额标准上，法官参考1990年国家版权局对美术

---

① 梁瑛：《官司赢了，他却高兴不起来》，《深圳商报》2008年1月4日。

② 黄伟：《判赔太轻，"贵妃"赢了官司输商战？》，《中国知识产权报》资讯网，http：//www.cipnews.com.cn/showArticle.asp？Articleid＝13514。

出版物稿酬的相关规定来确定本案赔偿数额。但该规定制定于计划经济时代，距今年代久远，已无法适用，且适用的对象为美术出版物。汪漩认为，此类侵权案件在判决时不仅需要考虑到补偿性，应该还要考虑到"惩罚性"赔偿，"只有用补偿与惩罚相结合的方式来确定赔偿数额，才能补偿权利人在维权过程中付出的经济和精力，更有效地对侵权人起到震慑作用"。汪漩表示，否则判决结果会让侵权人产生侥幸心理，更无法对社会产生警示和预防作用。

二、对美术作品侵权予以刑事处罚的难点

依照我国法律的规定，对于侵犯知识产权案件的惩处根据不同的社会危害性，分别给予行政处罚与司法处罚。对于未达到刑事处罚标准的一般侵权行为，可依照行政法规予以处罚；对于社会危害性严重、侵权数额或给被害人造成的损失数额达到法律规定的追诉标准的，予以司法处罚。

1990 年我国通过了第一部《著作权法》，其中并没有涉及侵犯著作权负刑事责任的问题。这是因为我国长期缺乏一个有效的著作权保护体系，公民对无偿使用他人作品习以为常，立法者考虑到如果将侵犯著作权的行为规定为犯罪，会使公众难以接受。① 1994 年我国签署了《与贸易有关的知识产权协议》（TRIPS）以后，全国人大常委会通过了《关于惩治侵犯著作权的犯罪的决定》。这是我国第一部专门对著作权进行刑法保护的法律规定。该决定列举了侵犯著作权的种种情形和相应的刑事责任，同时也规定了单位犯罪。1995 年最高人民法院发布了《关于适用〈全国人民代表大会常务委员会关于惩治侵犯著作权的犯罪的决定〉若干问题的解释》，明确了著作权犯罪的定罪量刑标准。1997 年刑法的第三章"破坏社会主义市场经济秩序罪"第七节确立了"侵犯著作权罪"。2001 年修正的《著作权法》第四十七条规定了八种可以依法追究刑事责任的行为。

我国《刑法》第二百一十七条规定，以营利为目的，有下列侵犯著作权情形之一，违法所得数额较大或者有其他严重情节的，处三年以下有期

---

① 刘春田：《知识产权法》，中国人民大学出版社 1995 年版，第 122 页。

徒刑或者拘役，并处或者单处罚金；违法所得数额巨大或者有其他特别严重情节的，处三年以上七年以下有期徒刑，并处罚金：

（一）未经著作权人许可，复制发行其文字作品、音乐、电影、电视、录像作品、计算机软件及其他作品的；

（二）出版他人享有专有出版权的图书的；

（三）未经录音录像制作者许可，复制发行其制作的录音录像的；

（四）制作、出售假冒他人署名的美术作品的。

从《刑法》第二百一十七条规定可知，"制作、出售假冒他人署名的美术作品"属于侵犯著作权的行为①。又根据2004年起实施的《最高人民法院、最高人民检察院关于办理侵犯知识产权刑事案件具体应用法律若干问题的解释》第五条规定："以营利为目的，实施刑法第二百一十七条所列侵犯著作权行为之一，违法所得数额在三万元以上的，属于'违法所得数额较大'；具有下列情形之一的，属于'有其他严重情节'，应当以侵犯著作权罪判处三年以下有期徒刑或者拘役，并处或者单处罚金：

（一）非法经营数额在五万元以上的；

（二）未经著作权人许可，复制发行其文字作品、音乐、电影、电视、录像作品、计算机软件及其他作品，复制品数量合计在一千张（份）以上的；

（三）其他严重情节的情形。

以营利为目的，实施刑法第二百一十七条所列侵犯著作权行为之一，违法所得数额在十五万元以上的，属于"违法所得数额巨大"；具有下列情形之一的，属于"有其他特别严重情节"，应当以侵犯著作权罪判处三年以上七年以下有期徒刑，并处罚金：

（一）非法经营数额在二十五万元以上的；

（二）未经著作权人许可，复制发行其文字作品、音乐、电影、电视、录像作品、计算机软件及其他作品，复制品数量合计在五千张（份）以

---

① 但笔者认为"制作、出售假冒他人署名的美术作品"的行为从客体上讲是侵害了消费者的合法权益，对此种行为应定"生产、销售假冒伪劣产品罪"，或参照"生产、销售假冒伪劣产品罪"通过立法另立新罪名。

上的；

（三）其他特别严重情节的情形。

也就是说，根据我国《刑法》，"制作、出售假冒他人署名的美术作品"的违法所得数额在三万元以上或非法经营数额在五万元以上的，属于"违法所得数额较大"或"有其他严重情节"，应处三年以下有期徒刑或者拘役，并处或者单处罚金。"制作、出售假冒他人署名的美术作品"违法所得数额在十五万元以上或非法经营数额在二十五万元以上的，属于"违法所得数额巨大"或"有其他特别严重情节"，应当以侵犯著作权罪判处三年以上七年以下有期徒刑，并处罚金。

（一）公安和检察机关立案侦查的难点

我国《刑事诉讼法》第一百零七条规定，公安机关或者人民检察院发现犯罪事实或者犯罪嫌疑人，应当按照管辖范围，立案侦查。第一百零八条规定，任何单位和个人发现有犯罪事实或者犯罪嫌疑人，有权利也有义务向公安机关、人民检察院或者人民法院报案或者举报。被害人对侵犯其人身、财产权利的犯罪事实或者犯罪嫌疑人，有权向公安机关、人民检察院或者人民法院报案或者控告。公安机关、人民检察院或者人民法院对于报案、控告、举报，都应当接受。第一百一十条规定，人民法院、人民检察院或者公安机关对于报案、控告、举报和自首的材料，应当按照管辖范围，迅速进行审查，认为有犯罪事实需要追究刑事责任的时候，应当立案；认为没有犯罪事实，或者犯罪事实显著轻微，不需要追究刑事责任的时候，不予立案，并且将不立案的原因通知控告人。控告人如果不服，可以申请复议。从《刑事诉讼法》上述条文可知，公安机关或者人民检察院对于"制作、出售假冒他人署名的美术作品"违法行为，在发现犯罪事实或者犯罪嫌疑人，以及接到被害人及其他人报案或举报后应当按照管辖范围，立案侦查。公安机关对已经立案的刑事案件，应当进行侦查，收集、调取犯罪嫌疑人有罪或者无罪、罪轻或者罪重的证据材料。对现行犯或者重大嫌疑分子可以依法先行拘留，对符合逮捕条件的犯罪嫌疑人，应当依法逮捕。

《最高人民法院关于执行〈中华人民共和国刑事诉讼法〉若干问题的解释》第一条第（二）项规定："人民检察院没有提起公诉，被害人有证据证明的轻微侵犯知识产权案（刑法分则第三章第七节规定的，但是严重危害社会秩序和国家利益的除外），被害人直接向人民法院起诉的，人民法院应当依法受理。对于其中证据不足、可由公安机关受理的，或者认为对被告人可能判处三年有期徒刑以上刑罚的，应当移送公安机关立案侦查。"

（二）检察机关提起公诉的难点

"公诉"是指人民检察院对犯罪嫌疑人的犯罪行为向人民法院提出控告，要求法院通过审判确定犯罪事实、惩罚犯罪人的诉讼活动。《刑事诉讼法》第一百七十二条规定："人民检察院认为犯罪嫌疑人的犯罪事实已经查清，证据确实、充分，依法应当追究刑事责任的，应当作出起诉决定，按照审判管辖的规定，向人民法院提起公诉。"所谓犯罪事实已经查清，是指检察机关对下列事实已经查证属实：（1）确定犯罪嫌疑人实施的行为是犯罪，而不是合法行为或者一般违法行为的事实；（2）确定被告人应当负刑事责任，而不是不负刑事责任或者可以免除刑事责任的事实，例如犯罪嫌疑人的年龄、精神状况等；（3）确定犯罪嫌疑人实施的是某一种或某几种性质的犯罪的事实；（4）确定对犯罪嫌疑人应当或者可以从轻、减轻或者从重处罚的量刑情节的事实。查清上述事实，就符合犯罪嫌疑人的事实已经查清的条件。

2007年实施的《最高人民法院、最高人民检察院关于办理侵犯知识产权刑事案件具体应用法律若干问题的解释（二）》第五条规定，被害人有证据证明的侵犯知识产权刑事案件，直接向人民法院起诉的，人民法院应当依法受理；严重危害社会秩序和国家利益的侵犯知识产权刑事案件，由人民检察院依法提起公诉。也就是说，对于美术作品造假行为，若严重危害社会秩序和国家利益，应由人民检察院依法提起公诉。但我国法律中对知识产权犯罪并没有界定何谓"严重危害社会秩序和国家利益"，这就使得检察机关很难提起公诉。

从上面的分析看，正如有学者指出的：能否取得预期的效果，"保护知识产权的罪刑规范在司法实践中的适用，关键还在于刑事诉讼程序的规定是否能与之协调配合。从目前情况看相互之间配合并不协调。这其中，立案前的证据准备不足不规范和鉴定工作不得力，都是导致这种不协调的重要原因。"①公安和检察机关介入美术作品造假案件面临的一个难点就是涉案美术作品的鉴定与评估。若美术作品为假冒，必须有司法鉴定的结果；若提起公诉或立案侦查必须有涉案作品的估价。"由于缺少具有可操作的知识产权证据规格认定标准，在司法实践中对知识产权犯罪的认定上，公、检、法部门存在较多歧义，形不成合力，削弱了打击知识产权犯罪的力度。"②

从刑事审判实践来看，因美术作品造假而被判刑的案例很少见，笔者也只找到 2002 年天津南开区人民法院审判的一起因"制作、出售假冒他人署名的美术作品"而被判刑的案例。被告人张某以营利为目的，先伪造某名家的多幅国画作品，之后又私刻该名家的个人图章，加盖在伪造的国画上。为便于假画出售，张某还伪造"北京市文物鉴定中心鉴定书"及电脑合成的该名家与伪造国画的照片。至案发时，张某共向外出售 27 幅，直接获利 11.6 万元人民币。经被侵权人举报，公安机关侦查后，将被告人抓获归案。南开区人民检察院以涉嫌侵犯著作权罪提起公诉，南开区法院经审理认为，检察院对被告人张某的指控事实清楚，证据确实充分，定性准确，法院依法予以支持。被告人张某明知自己的行为会发生侵犯他人著作权、损害他人利益等危害后果，仍实施伪造他人艺术作品、冒用他人名义出售从中获取暴利的行为。其违法所得数额较大，行为破坏了社会主义市场经济秩序，已构成侵犯著作权罪。鉴于被告人张某系初犯，归案后能认罪伏法，并退缴全部非法所得，缴纳罚金，有悔罪认罪的表现，故依

---

① 李德成：《逐步健全和完善知识产权刑事鉴定工作》，"2008 中国保护知识产权高层论坛——中国知识产权刑事保护论坛"的演讲稿，http://www.sipo.gov.cn/sipo2008/twzb/2008zgbhzscqgclt/hycz1/200804/t20080428_393763.html。

② 袁正兵、林中明：《专家指出保护知识产权要降低刑事立案门槛》，《检察日报》2002年11月14日。

法予以从轻判处。依法以侵犯著作权罪判处被告人张某有期徒刑二年，缓刑二年；并处罚金人民币 1 万元。[①] 从法院的判决来看，即使美术作品造假者造假获利达 11.6 万元人民币，法院还是考虑其他因素给予很轻的判决，而且还是缓刑。从法经济学的角度来讲，这对于侵权者无疑是一种鼓励，对被害人的维权积极性是一种打击。

三、美术作品相关案件在民事审判中的困境

（一）法院审判中"无法"对美术作品进行司法鉴定

在美术作品纠纷案件中，争议最多、最为头痛的就是庭审中美术作品的司法鉴定问题。由于没有法定的美术作品鉴定部门，所以对涉案美术作品真伪及价值的鉴定评估成为影响此类官司的重要障碍。《全国人民代表大会常务委员会关于司法鉴定管理问题的决定》（2005 年）中对"司法鉴定"作出如下定义："司法鉴定是指在诉讼活动中鉴定人运用科学技术或者专门知识对诉讼涉及的专门性问题进行鉴别和判断并提供鉴定意见的活动。"根据我国《民事诉讼法》第七十二条规定："人民法院对专门性问题认为需要鉴定的，应当交由法定鉴定部门鉴定；没有法定鉴定部门的，由人民法院指定的鉴定部门鉴定。鉴定部门及其指定的鉴定人有权了解进行鉴定所需要的案件材料，必要时可以询问当事人、证人。鉴定部门和鉴定人应当提出书面鉴定结论，在鉴定书上签名或者盖章。鉴定人鉴定的，应当由鉴定人所在单位加盖印章，证明鉴定人身份。"可见，法院对专门性问题认为需要鉴定的，应当交由法定鉴定部门鉴定；没有法定鉴定部门的，由人民法院指定的鉴定部门鉴定。从中可以看出，法院在审理案件中，虽然现在还没有法定从事美术作品鉴定的部门，但不存在不能鉴定的障碍，只要法院指定或聘请某专业部门及专家，那么此部门及专家就是此次司法鉴定的权威。

书画作品的署名一般通过字迹鉴定和印章对证就可以确定作品作者的

---

① 王京涛、李建伟：《造假画者被判刑——本市首例因侵犯知识产权而被追究刑事责任案宣判》，《每日新报》2002 年 11 月 16 日。

真假。我国在字迹鉴定方面的技术还是较为可靠的，吴冠中《毛泽东肖像》一案最后就是通过字迹鉴定来定案的①。其认定过程是公安部根据吴冠中所在单位中央工艺美术学院（现清华大学美术学院）的要求，对拍卖《图录》中《毛泽东肖像》的署名是否吴冠中亲笔书写作出鉴定。该鉴定指出："画上的'吴冠中画于工艺美院一九六六（重复字）年'字迹为毛笔所写，书写速度较慢，字迹正常，特征稳定，可供检验。将其与吴冠中的亲笔字迹比较检验，发现二者字迹的书写风格不一，并在'吴、冠、中、画、于、工、艺、美、院、一、九、六、六（重复字）、年'字迹的写法、笔画间的搭配位置、笔画的起收笔特点、笔力等特征，以及用词特点上均存在明显差异，反映了不同人的书写习惯。"结论为"送检的上海朵云轩与拍卖有限公司联合拍卖字画目录中第 231 号署名吴冠中的《毛泽东肖像》画上书写'吴冠中画于工艺美院一九六六（重复字）年'字迹，不是吴冠中亲笔所写"②。由此案例可知，认定一幅作品是否属于"假冒他人署名的作品"，对作品之上的署名进行字迹鉴定即可。但美术作品中的"完全佚名"造假法及"挖款章"造假法已在中国颇有传统，故对署名的字迹鉴定也难以单独认定一幅作品是否属于"假冒他人署名的作品"。

即使在认定了一幅作品属于"假冒他人署名的作品"后，如何认定"制作、出售假冒他人署名的作品的"行为，也是一个难题。前文范曾诉盛林虎一案，法院在认定盛林虎的行为是否构成侵权时有两种不同的意见。第一种意见认为，盛林虎的行为既不构成侵犯姓名权，也不构成侵犯版权。第二种意见认为，盛林虎的行为既侵犯姓名权又侵犯版权，以侵犯姓名权为主。争论的焦点就在于"仿制"、"临摹"，私刻原告的印章，用"江东范曾"、"抱冲斋主十翼范曾"等落款，并在其所有的仿画上均加盖了仿章，此行为是否属于制作假冒他人署名的作品。著名知识产权学者郑成思先生曾提出"临摹"不等同于"复制"。③ 一幅美术作品原件上可能

---

① 吕国强：《〈毛泽东肖像〉画案若干法律问题探讨》，《中国法学》1996 年 6 月。

② 《吴冠中诉上海朵云轩、香港永成古玩有限公司出售假冒其署名的美术作品纠纷案》，中华人民共和国最高人民法院公报，1996 年 6 月 20 日第 2 期。

③ 郑成思：《"临摹"与"复制"是否应等同?》，《电子知识产权》1996 年 12 月。

体现了"十分"独创性，临摹者能在其上增加了"一分"，构成了一件具有"十一分"独创性的作品。属于临摹者可享有版权的，仅仅是那"第十一分"，而不是全部"十一分"。临摹者对他的临摹品是享有署名权的，但却又不能侵犯原作品的版权和署名权。所以，笔者认为，盛林虎临摹范曾先生的作品是不违法的，但若以范曾真迹卖给画廊则属于违法。

在前文吴冠中诉上海朵云轩、香港永成古玩拍卖有限公司《毛泽东肖像》一案中，吴先生之所以胜诉，就在于法院采纳了公安部第二研究所的鉴定结论。从上述鉴定可以看到，此鉴定并没有对"画面"作出鉴定结论，也就是说没有对美术作品主体作出鉴定，只是对画中出现的"字"进行了鉴定，根据"文书鉴定"中字迹鉴定的方法对其落款和署名作出非吴冠中所书写的结论。当然，从实用性的角度来看，做出"'吴冠中画于工艺美院一九六六（重复字）年'字迹，不是吴冠中亲笔所写"也就够了，由此就可以推出被告侵犯著作权的事实，法院也确实作出了"拍卖假冒吴冠中署名的美术作品《毛泽东肖像》画的行为，共同严重侵犯了原告吴冠中的著作权"的审判结论。即使从当下《刑法》第二百一十七条第（四）项"制作、出售假冒他人署名的美术作品"的角度来看，这种鉴定方法仍然可行。但我们要思考的是，在美术作品交易中，存在的以下几种情况是不能由此鉴定的：

1. 代笔作品。代笔作品画面虽然不是本人的亲笔，但是经过本人同意，所落的款或印是本人书写或钤盖的。在代笔作品是纠纷作品的时候，字迹鉴定是缺乏科学性的。

2. 佚名造假。佚名造假是作伪者把美术作品的署名完全去掉，而在展览、出版及出售、拍卖中说成是某名家作品。如佚名造假可找接近某大名家的"小名家"作品，利用现实中许多有师承关系的"大""小"书画家之间的作品极为相似特点来造假。

涉及美术作品司法鉴定的审判，法院还处于没有统一条文规定的"无法"状态。当前美术作品鉴定既没有标准，也没有一个法定权威鉴定机构，目前只有靠研究专家、画家家属、画家本人鉴定。对于如何认定一幅作品是否属于"假冒他人署名的作品"，以及认定一行为是否属于"制作、出售假冒他人署名的作品的"行为，存在争议，始终没有形成法律规范，这也是在艺术市场中假画泛滥的重要原因。

（二）《拍卖法》第六十一条适用中的"合法不合理"

在法院审判中，最有争议的莫过于《拍卖法》第六十一条，这一点在前述苏敏罗诉委托人萧富元和北京翰海拍卖公司一案中有明显体现。北京一中院审理认为：原告苏敏罗在知晓该"免责声明"并且在竞买前能够充分了解诉争拍品实际状况的情况下，参与竞买并因最高叫价而成为诉争拍品的最终买受人，系其自主决定参与拍卖交易并自主作出选择所产生的结果，固然有可能因诉争拍品系伪作而遭受损失，但亦属艺术品拍卖所特有之现实正常交易风险。

此案的主要争论在于《拍卖法》第六十一条第二款："拍卖人、委托人在拍卖前声明不能保证拍卖标的的真伪或者品质的，不承担瑕疵担保责任。"这被称为瑕疵不担保声明。于是，几乎所有的拍卖公司都会事先声明："对拍卖品的真伪或品质不承担瑕疵担保责任。竞买人及其代理人应当亲自审看拍卖品原物，并对自己的行为承担法律责任。"《拍卖法》第六十一条从法律理论上来讲，基于拍卖公司提供的是中介服务，在这个过程中并不发生物权转移，而真伪涉及的是物权问题，故中介机构不需要承担真伪责任。拍卖公司严格按法律规定进行完拍卖程序（包括真伪的免责声明），拍卖公司就尽到责任了。有些瑕疵是拍卖方依自身能力、现有技术无法获知的，所以拍卖人对拍品不保真是合理合法的，这也是国际拍卖行业的惯例。瑕疵或真伪免责声明应该属于风险提醒，也属于拍卖公司的义务，本质上具有风险告知作用。但是，由于中国缺乏美术作品鉴定的权威机构，因而有些拍卖公司也明目张胆把一些假画送上拍场，借用《拍卖法》第六十一条作为"挡箭牌"。

苏敏罗诉萧富元和北京翰海拍卖公司一案反映了法院在美术作品纠纷判决中"合法不合理"的现象，是对《拍卖法》和《合同法》原则的曲解，这也反映出修改拍卖法或由最高人民法院出台相关司法解释的必要性。

<table>
<tr><td>第
四
章</td><td>对策：美术作品作者财产权制度的
创新与变迁</td></tr>
</table>

　　制度变迁是对制度历史的研究，而创新则是制度变迁的过程。从当下
我国改革开放的实践来看，新中国美术作品交易制度的变迁起点是计划经
济分配制度，目标模式是市场制度。制度变迁是制度的替代、转换与交易
过程，作为一种"公共物品"，制度同其他物品一样，其替代、转换与交
易活动也都存在着种种技术的和社会的约束。根据"成本—收益"的分析
方法，制度变迁可以被理解为一种效益更高的制度（"目标模式"）对另
一种制度（"起点模式"）的替代过程，只有变迁收益大于变迁成本，制
度变迁才可能发生。制度变迁需求源自于需求主体对制度外利润的追求。
由于潜在利润不能在现有制度结构中获取，要实现"帕累托改进"① 以获
取潜在利润，就必须进行制度的再安排，即制度创新，从而产生制度变迁
的需求。

　　制度变迁可分为两种模式，即"诱致性制度变迁"和"强制性制度变
迁"。"诱致性制度变迁"是指现行制度安排的变更、修正或创造，是由个
人或一群人在响应获利机会时自发倡导、组织和实行的。"强制性制度变
迁"由政府命令和法律引入而实现，行为主体是国家。国家在使用强制力
时具有很大的规模经济，国家在制度供给上还有制度实施及其在组织成本
方面的优势。

　　当下中国很多问题的研究都离不开"计划经济向市场经济转型"这一
宏观背景，正如著名经济学家斯蒂格利茨所说，"中国向市场经济的转轨

---

　　① 在总资源不变的情况下，如果对某种资源配置状态进行调整，使一些人的境况得到改
善，而其他人的状况至少不变坏，符合这一性质的调整被称为帕累托改进。

极具中国特色，并且非常成功，这与大多数其他转轨国家的失败形成了鲜明对比"，但"当看到了市场经济可以带来好处时，许多人会相信市场经济会解决所有问题，并认为政府规制会抑制经济增长。与对政府能够解决所有问题的盲目信任一样，对市场会解决所有问题的盲目信任也是十分危险的。我们需要的是在市场与政府之间的某种平衡"①。另外，市场正在我国资源配置中起到越来越大的作用，但市场发育仍不完善，计划经济形成的惯性依然很大，"分散决策、自发形成、自由竞争"等仍有待加强。中国一方面要克服计划经济留下的市场不完善的问题，另一方面还要克服市场经济带来的"市场失灵"。政府如何在法治环境下解决这两大难题成为一个重要考验。

"中国的市场化成果离不开对经济体制和政府管理体制的双重改革，由经济体制开始的改革带来了国内经济的繁荣发展，随之展开的政府管理体制改革推动着市场化进程继续向前推进。随着改革不断向纵深发展，政府管理体制改革对其他改革的牵制作用日益明显。"② 所以党的十七大报告指出："要深化对社会主义市场经济规律的认识，从制度上更好发挥市场在资源配置中的基础性作用，形成有利于科学发展的宏观调控体系。"③ 国家调节也存有种种风险，调节不当也会发生失灵现象，即"政府失灵"。另外，国家调节必然涉及被调节者服从和接受问题，有鉴于此，必须对国家调节活动加以法治化。我国规范国家调节行为的法律主要由三方面构成：一是市场规制法，即反垄断法、反不正当竞争法、消费者权益保护法及其他不公平交易规制法；二是国家投资经营法，包括国家投资法、国有企业法等；三是宏观调控法，包括税法、金融法、对外贸易法等。④ 缓解我国美术作品作者保护中的困境需要政府职能的转变和经济法的"盘活"。美术作品进入市场后，与商品并无本质区别，故应改变《商标法》、《反不

① 斯蒂格利茨、沃尔什著，黄险峰、张帆译：《经济学》中译本序，中国人民大学出版社 2005 年版。

② 北京师范大学经济与资源管理研究院：《2008 中国市场经济发展报告》，北京师范大学出版社 2008 年版。

③ 《中国共产党第十七次全国代表大会文件汇编》，人民出版社 2007 年版，第 21 页。

④ 参见漆多俊：《经济法基础理论》，法律出版社 2008 年版，第 24 页。

正当竞争法》、《消费者权益保护法》不适用于美术作品交易的现状，并且在法院判决中充分发挥《刑法》第二百一十七条的作用。

在艺术市场理论和国家知识产权理论的推动下，随着国家文化产业战略、知识产权战略的不断实施，美术作品交易市场体系及支撑体系的建设将一步步进入人们视野，特别是政策法规支撑体系、财税支撑体系、信息支撑体系、市场中介体系和人才培育支撑体系等成为美术作品交易市场发展与深入前行的一个重要前提。发展和治理美术作品交易市场不只是文化部门的事情，更应是商务、工商系统的责任。完善市场监管，形成国家干预与非政府行业协会自治的良性互动，引导建立"经纪人"代理制，引导成立美术作品版权集体代理组织，引导交易合同规范化，以及发挥税收对美术作品交易的监管作用是完善美术作品交易市场、减少作者财产权纠纷的根本途径。

美术作品作者财产权制度创新与变迁的目的是为了更好地规范美术作品交易市场参与者的行为，规范政府和公司法人以及其他各种社会组织的行为。"不同的制度安排会在一些根本问题上给人们的行为提供稳定的、被大家所认可、能够不断重复的行为模式，并以此来定义人们在新的制度中行为的不同条件，以期能够提高效率，顺利地达到预期的制度目标。"[1] 正是因为制度可以规范人们的行为，新的制度可以用新的方法来规范人们的行为，提高制度的效率，减少交易成本，促进美术创作发展，所以我们要完善美术作品交易中的作者财产权制度，进行一系列的制度创新与制度变迁。

第一节　明晰相关权利的界定

美术作品原件和知识产权交易市场的发展同样是在"计划经济向市场经济转型"的背景下进行的，也同样面临着市场不完善、市场失灵、政府

---

① 李汉林：《制度创新与变迁中须关注的两个问题》，《中国社会科学院院报》2003 年 11 月 26 日。

失灵的问题，面临着如何平衡市场与政府影响力的问题。美术作品作者权益屡遭侵犯的原因不能完全归于知识产权的保护不力，关键在于美术作品原件和知识产权交易市场的发展和规范。应该从交易的市场化和市场的法治化入手保护美术作品作者的权益，重视权利的拥有，更要重视权利的实现。

美术作品的作者是作品的创造者，是美术作品原件和知识产权的初始所有人。美术作品作者的激励是创作高水平美术作品的基础，也是美术作品原件和知识产权交易市场发展的前提。激励美术作品作者进行创作的方法有很多种，如国家荣誉、分配住房、提供稳定工资报酬等，但在市场经济背景下以"自由选择、自愿交换、自愿合作"为前提，通过市场来衡量作品质量，作品直接与收入挂钩的方式更具公平性，更能激励美术作品作者的创作。故应在美术作品交易中保护美术作品作者基于美术作品的财产权益。"一项财产权就包括了两个方面，即排除他人的权利和将财产转让给他人的权利"，与此同时，"财产权带来两种经济性收益，即静态的与动态的"[①]。但要强调的一点是这些财产权都是基于正式制度（主要是法律）和非正式制度产生的预期，即使法律上规定作者具有"排除他人的权利和将财产转让给他人的权利"，若作者在现实中不能进行交易或在交易中不能获得足够预期财产利益，那么，基于美术作品产生的财产权就不会起到实际的激励效果。所以，保护美术作品作者财产权的关键在于促进美术作品交易的实现和获得交易中的预期财产利益。在市场对资源起支配作用的市场经济社会中，美术作品交易必须在市场中进行，规范的市场环境是美术作品作者财产权收益获得的保障。没有美术作品原件和知识产权交易市场的存在，就没有作者基于美术作品作者财产权益的实现；没有美术作品原件和知识产权交易市场的法治化，就没有作者基于美术作品作者财产利益的预期保证。

---

① [美] 威廉·M. 兰德斯、理查德·A. 波斯纳著，金海军译：《知识产权法的经济结构》，北京大学出版社 2005 年版，第 15 页。

一、美术作品作者著作财产权对所有者原件物权的合理制约

著作权法的目的在于"为保护文学、艺术和科学作品作者的著作权，以及与著作权有关的权益，鼓励有益于社会主义精神文明、物质文明建设的作品的创作和传播，促进社会主义文化和科学事业的发展与繁荣"①，作者权益和作品的传播是著作权法立法目的所在。但从前文的各个案例中，我们不仅会欷歔感叹，因为几乎所有案例都是"双输"，作者和侵权者、合同相对方都为官司付出了巨大代价，但最后的结果都是被告方不再使用纠纷作品，作者的财产权没有实现，作品传播的目的也没有实现，没有为社会产生相应的经济效益，这种制度下的"成本—收益"是应该反思的。对于产生于市场经济条件下的著作权法来讲，美术作品唯有流动，才能彰显美术作品质量和生命力，才能彰显著作权法的真正的价值。

在美术作品作者财产权纠纷案例中，反映出一个经典的科斯"牧人与农夫"案例，如何在"牧人"与"农夫"之间取得利益最大化是立法者应该充分考虑的，不然，就会导致"牧人"与"农夫"之间一方破产，进而双方都破产的结局。如何在法律中均衡作者与作品使用者或收藏者之间的关系，是保护作者长远利益、促进作品传播的前提。

（一）细化保护作品完整权、修改权，避免作品原件不必要的毁坏

如第三章所述，我国《著作权法》第十条第（四）项规定"保护作品完整权，即保护作品不受歪曲、篡改的权利"，第（三）项规定："修改权，即修改或者授权他人修改作品的权利"，第四十六条第（四）项规定"歪曲、篡改他人作品的"属于侵权行为，"应当根据情况，承担停止侵害、消除影响、赔礼道歉、赔偿损失等民事责任"。但这些条文只是原则上规定了保护作品完整权、修改权，并没有具体规定如何保护，易引起权利的争议。一般作品（如小说）不存在原件交易的问题，其修改和完整性的破坏不会影响其他载体上作品的完整性，只可能对作者人身权造成影

---

① 《著作权法》第一条。

响，而美术作品原件的修改和毁坏都将导致作者再也无法行使对原作品原件的复制权。从文化传承和传播的角度讲，一件美术作品原作更是一个民族、国家甚至人类的宝贵财富，不应因所有者的一时之需而加以毁坏。故笔者认为，对保护美术作品完整权和修改权应加以完善和细化。

美术作品特别是壁画被购买之后，由于时代审美的变化，有些会被所有者看作过时的废物，留着又占空间，于是干脆加以毁坏。这种事情，在很多内行特别是美术作品作者看来简直是无知之极，但这种事情正如前文壁画《赤壁之战》一案一样发生在实际生活中。

"壁画《赤壁之战》被毁案"终审判决作出之后，在社会上引起强烈反响，更引起美术界对各处著名壁画作品命运的担忧。各大媒体纷纷刊登文章进行报道。据《长江日报》报道：中国美协壁画艺委会主任、著名壁画家侯一民说："这么一幅优秀之作遭此厄运，实在是令人震惊和痛惜！"① 《人民网》、《南方周末》、《科技日报》等还对机场壁画等著名壁画的命运进行了探讨。2001 年敦煌壁画年会上，与会的 30 多位画家作了一个小范围统计，结果发现有 25 幅在美术界享有盛誉的现代壁画精品已经被毁，而且许多都是原作者所不知道的。② 2004 年全国政协委员舞蹈家姚珠珠、中国美协主席靳尚谊等 18 位委员联名提出《应明确划定壁画著作权与所有权界限》的提案，呼吁关注中国现代壁画在两权中的拉锯战，防止壁画所有权人任意处置、拆毁壁画精品。这已经是关于此事的提案第二次出现在两会上。③

美国 1976 年《版权法》通过作者修改权对抗作品原件所有人物权以禁止物权人滥用权利的条文值得借鉴。该法第 113 条 d 款规定："①假如：（A）视觉艺术作品以这样的方式体现在或已成为某建筑物的一部分致使从该建筑物中移走该作品将导致第 106 条之二（a）款第（3）项所述之对作品的毁坏、曲解、篡改或其他更改，以及（B）作者在《1990 年视觉艺术家权利法》第 610 条（a）款所规定的生效日前，或在该生效日或之后

---

① 杨于泽：《晴川饭店壁画〈赤壁之战〉载入史册毁于装修——中国美协表示震惊和痛惜》，《长江日报》2002 年 4 月 10 日。

②③ 《壁画：所有权著作权的拉锯战》，《科技日报》2004 年 4 月 17 日。

与该建筑物所有人共同签署的书面文件中，同意将作品安置于该建筑物中，且该文件规定作品安置后因作品移动可以毁坏、曲解、篡改或对作品作其他修改，则第106条之二（a）款第（2）项和第（3）项所赋予之权利不予适用。②如果建筑物的所有人希望移走已成为该建筑物一部分的视觉艺术作品，且该作品可以移走而不会造成第106条之二（a）款第（3）项所述之对作品的毁坏、歪曲、篡改或其他修改，则作者依第106条之二（a）款第（2）项和第（3）项所享有的权利应予适用，但以下情形除外：（A）所有人已尽了审慎、善意之努力，但未能通知到作者其影响该视觉艺术作品的预计行为的，或（B）所有人确实作了书面通知，但通知接收者在收到该通知90日之内，未移走该作品或未为移走支付费用的。就（A）目而言，如果建筑物的所有人将通知挂号寄往依第（3）项已在版权局备案的作者的新地址，则应推定该所有人已尽了审慎、善意通知之努力。作品由作者支付费用移走的，则该作品的复制品的所有权应认为仍属于作者。③版权局应建立备案制度，据此任何其作品包含在或已成为建筑物一部分的作品的作者，可以将其身分和地址向版权局备案其尽力遵守本款的证据的程序。"①

基于以上论述，笔者认为，在《中华人民共和国著作权法》中应就保护作品完整权、修改权增加对美术作品原件的相应规定，著作权法第十条第（四）项应改为："保护作品完整权，即保护作品不受歪曲、篡改和保护美术作品原件不受毁坏的权利。"

（二）增加接触权，使美术作品作者可以行使原件的复制权、摄制权

美术作品若已售出或捐赠，作者在行使著作财产权时，就会遇到一个非常实际的问题，即原作所有人的接触许可。《德国著作权法与邻接权法》第25条"对作品附着物的接触"就对此作出了规定："①为制作作品复制件或者对作品进行演绎的必要，作者可以要求作品原件或者复制件的占有人让自己接触该作品原件或者复制件，但不得损害占有人的合法利益。

---

① 《美国版权法》，孙新强、于改之译，中国人民大学出版社2002年版，第27页。

②占有人不负有将作品原件或复制件返还作者的义务。"① 也就是说，作者在不损害原作的前提下，可以对该作品进行拍摄、制作副本等。可见，《德国著作权法与邻接权法》已从作者的角度考虑到作者对作品复制与演绎的需要，通过法律的形式对作者实现财产权利加以保障，这就从源头上缓解了作者与原件所有者之间关于作品接触问题的纠纷，避免了"卖出原作附送版权"的尴尬，也有利作品的传播和利用。

"接触权"说对于保障著作权人的著作权是有利的，但如果行使接触权是无条件的，原件所有人在任何条件下均不得拒绝著作权人行使"接触权"，就会使原件所有人对原件的所有权得不到保障，损害原件所有人的合法权益，也不利于美术品原件的收藏与保护。我国有学者认为著作权人行使接触权应以不危及美术作品完美性作为标准。如果美术作品著作权人合理、谨慎地利用原件行使著作权，一般就不会造成原件的毁损，则所有权人便不得拒绝著作权人行使接触权。但在现代社会，"接触权"不仅仅意味着原件占有的转移，还包括各种利用方式。如果著作权人使用原件过于频繁，或者其使用的特定方式使原件变形、污损等毁坏的可能性很大，足以危及到原件本身的完美性的程度时，原件所有人就有权拒绝"接触权"的行使。② 笔者认为，通过法律规定"接触权"，但作者接触原作必须给予收藏者一定的补偿，即每接触一次都要根据接触时间长短等因素给予收藏者一定费用。

笔者认为，应对《中华人民共和国著作权法》第十八条加以修改，在原来的"美术等作品原件所有权的转移，不视为作品著作权的转移，但美术作品原件的展览权由原件所有人享有"之后加上"为制作作品复制件或者对作品进行演绎的需要，作者可以要求作品原件或者复制件的占有人让自己接触该作品原件或者复制件并支付一定费用，但不得损害占有人的合法利益"。在《著作权法实施条例》中加一条："为制作作品复制件或者

---

① 《德国著作权法与邻接权法》。参阅 M. 雷炳德《著作权法》，张恩民译，法律出版社2004年版。

② 吕来明：《试论美术作品著作权与原件所有权的冲突与协调》，《著作权》1992年1月，第35页。

对作品进行演绎的需要，作者经作品原件或者复制件的占有人允许接触原件或者复制件的，所需费用应与占有人商议，每次最高不超过作品原件或复制件价值的1%[①]；作品原件或者复制件的占有人无正当理由阻止作者接触作品的，著作权部门有权强制执行。"

二、美术作品基于商品属性的权利义务

（一）《反不正当竞争法》范畴中的美术作品交易

本文对于法学界尚在争议的"冒名"是否侵犯作者署名权问题暂不讨论，笔者想强调的问题是"冒名"是否属于"不正当竞争"？美术作品"冒名"行为从现实中来看主要有以下几种：

1. 自己创作的作品在原作中署上其他美术家（一般是名家）的名，称其是该美术家的作品；

2. 将他人创作的作品在原作中署上某名家的名字；

3. 自己创作的作品，但通过种种暗示向其受众表明是他人的作品；

4. 他人创作的作品，但通过种种暗示称其为某名家作品；

5. 自己临摹、复制他人的作品在临摹、复制而成的作品中署上某名家的名字，称其是某名家的作品；

6. 将他人临摹、复制而成的作品中署上非原作作者的某名家名字；

7. 自己临摹、复制而成的作品，但通过种种暗示向其受众表明是非原作作者的某名家作品；

8. 他人临摹、复制而成的作品，但通过种种暗示称其为非原作作者的某名家作品。

上述作品都是作者从没有参与创作过的，是莫须有的东西，而且根本上来讲，这些作品的艺术风格和表现的主题与这位美术家（通常是著名美术家）的创作思路、艺术风格是不同的，甚至是这位美术家本人未曾涉及过的，是对该美术家艺术风格的任意歪曲，通常这些歪曲会对美术家带来很多负面效应，如上文曾提到的吴冠中一案。

---

① 百分比应由相关部门调研后确定。

另外，该作品在公众场合出现，并为其他容易产生误解的受众所接触。又可以分为以下几种方式：

1. 该作品在展览中展出，包括美术馆的展览、拍卖行的预展、画廊的展览以及其他形式的展览；

2. 该作品的流通，包括拍卖行的拍卖、画廊等进行的商业买卖、赠与等；

3. 对该作品在教学中的非善意使用；

4. 该作品的印刷出版及通过其他媒介的传播。

当然这些作品若不与公众接触，只是行为人自娱自乐，不与任何容易产生误解的受众接触，也不会给被"冒名"的美术家造成损失，因而也就不存在本文探讨的这个问题。但通常"冒名"造假的目的却在于欺骗他人，获取利益。而且这种现象在中国非常常见。

"冒名"问题属不属于《反不正当竞争法》的规范范围？《反不正当竞争法》第二条规定："经营者在市场交易中，应当遵循自愿、平等、公平、诚实信用的原则，遵守公认的商业道德。本法所称的不正当竞争，是指经营者违反本法规定，损害其他经营者合法权益，扰乱社会经济秩序的行为。本法所称的经营者，是指从事商品经营或者营利性服务（以下所称商品包括服务）的法人、其他经济组织和个人。"

与美术作品"冒名"造假有关的活动，如前所述包括展览、流通、教学、出版等属不属于从事商品经营或者营利性服务？参与这些活动的主体属不属于《反不正当竞争法》意义上的"经营者"？笔者认为，确定一个美术活动属不属于"从事商品经营或者营利性服务"，应该从主办方的目的来认定。凡是以赢利为主要目的的应该都属于"从事商品经营或者营利性服务"，参与这些活动的主体应该是《反不正当竞争法》意义上的经营者。对于美术活动来讲，"经营者"可以是美术家、画廊、拍卖行、美术馆、出版社、杂志社等。前文中喻继高、何水法、黎雄才等著名画家"被出版"假画册就是以"营利"为目的的不正当竞争行为。

判断"冒名"造假属不属于不正当竞争行为的另一个要素是他与其他经营者是否存在竞争。只有"竞争者"身份的人才能提起反不正当竞争诉讼。

《反不正当竞争法》第五条规定：经营者不得采用下列不正当手段从事市场交易，损害竞争对手：（一）假冒他人的注册商标；（三）擅自使用他人的企业名称或者姓名，引人误认为是他人的商品。这一条主要规定了不正当竞争的手段，对于美术作品的"冒名"造假，可以援引（一）和（三）两项来维护合法权益，打击"冒名"行为。

有些造假者临摹美术作品原作者的题款和印章等，在自己制作的作品上进行署名，造成某名家作品的假象，以此来骗取观赏者和买家的注意。这种造假就完全符合《反不正当竞争法》第五条第（三）项的规定，擅自使用他人的姓名，引人误认为是他人的商品。这种假画在各拍卖会屡见不鲜，甚至在有些博物馆仍可展览这种作品，实属不可理喻。如 2005 年 3 月 14 日，由珠海市博物馆和"国之瑰宝"艺术网主办的《国之瑰宝——黎雄才关山月作品展》在珠海博物馆举行，后经关山月之女关怡和黎雄才之子黎捷现场认定，展出的 4 幅关山月作品和 34 幅黎雄才作品全部为假冒之作，出自他人之手，但署有关山月、黎雄才的名字。①

美术作品"冒名"作品制作者之所以冒名家之名，是因为署名往往是作品的"商标"，是因为"署名具有区别功能、来源功能、质量功能、广告宣传功能"。所以，他是不会去冒普通人之名，即使这个姓名听起来再引人注意或容易记忆。"冒名"伪作指向的权利关系与名家依其作品享有的人身权利及财产权利是密切联系在一起的。

按现行《反不正当竞争法》的规定，美术作品"冒名"没有被明文列在不正当竞争行为之中，最高人民法院、工商部门更没有对"冒名"是否可以归为不正当竞争做出解释。司法机关和被冒名者遇到该种行为时会感到无"法"可依，束手无策。这种情况无疑助长了"冒名"者的嚣张，以致"冒名"假画成为"不治之症"。因此，依笔者之见，修改我国《反不正当竞争法》，将冒名问题列入"不正当竞争"的行为之中；或最高人民法院出台相关解释，把冒名问题列入"不正当竞争"的行为，从而制止

① 西寻：《画展疑云》，《央视国际》2005 年 5 月 9 日，来源于 http：//www.CCTV.com。

日益猖獗的美术作品"冒名"造假，切实维护被冒名者、投资者及收藏者的合法权益，保障公平竞争。

（二）《消费者权益保护法》范畴中的美术作品交易

在实践中，冒名与一般侵害姓名权相比，不仅损害被冒名者的合法权益，而且误导消费者，使其无法正确地选择商品，更是直接地威胁和破坏公平竞争的市场秩序。正是由于冒名具有上述特征，为有效遏制冒名行为、切实维护被冒名者与消费者的合法权益和充分保障社会经济秩序的健康发展，对冒名理应适用民事的、行政的和刑事的手段予以调整。因此，从法律责任来看，若适用民法调整，就不能有效遏制冒名侵权行为、切实维护被冒名者与消费者的合法权益和充分保障社会的正常秩序。《消费者权益保护法》到底是否适用于美术作品交易？一个核心关键点就是购买美术作品是否属于"生活消费"，美术作品购买者是否属于法律意义上的"消费者"。按现行《消费者权益保护法》规定，消费者为生活消费需要购买、使用商品或者接受服务的，适用消费者保护法。所谓消费者，是指为个人生活消费需要购买、使用商品和接受服务的自然人。从法律意义上讲，消费者应该是为个人的目的购买或使用商品和接受服务的社会成员。消费者与生产者及销售者不同，必须是产品和服务的最终使用者而不是生产者、经营者。也就是说，他或她购买商品的目的主要是用于个人或家庭需要而不是经营或销售，这是消费者最本质的一个特点。基于"消费者"的特点，本文认为，个人及家庭购买美术作品应属于《消费者权益保护法》调整的范围，而法人组织购买美术作品则不适用《消费者权益保护法》。2002年发生的德国游客诉徐悲鸿纪念馆画廊一案中，北京市一中院根据《消费者权益保护法》第十五条"经营者应当向消费者提供有关商品或者服务的真实信息，不得作引人误解的虚假宣传"的规定，认为某艺术中心在为其开具收款凭证上未注明其出售的作品为仿制品，其行为属于故意隐瞒真实情况，是消极不作为的欺诈行为。

笔者认为，《消费者权益保护法》对冒名造假的制约主要体现在展览和艺术品买卖中。美术馆等需要购买门票进行参观的场所，提供的是一种服务，门票就是合同，而观看美术展览的人就是这种服务的消费者，所以美术展览中观赏者就是消费者，若美术馆等展览场所展出"冒名"的美术作品就是对消费者的欺骗，观赏者可以用《消费者权益保护法》来维护自己的权益。

在美术品交易中，购买美术作品的人是拍卖行、画廊等所卖出的美术作品的消费者，若买到"冒名"造假美术品，买家也可以通过《消费者权益保护法》来维护自己的权益。笔者认为，《消费者权益保护法》与"冒名"造假有关的规定主要有以下几个方面：

1. 画廊、拍卖行等经营者对消费者就其提供的商品或者服务的质量和使用方法等问题提出的询问，应当作出真实、明确的答复。主要体现在《消费者权益保护法》第八条①、第十九条②中。

2. 卖出"冒名"的美术作品，是商品存在缺陷。经营者对于不具备商品应当具备的使用性能而出售时未作说明，当依照《中华人民共和国产品质量法》和其他有关法律、法规的规定，承担民事责任。主要体现在《消费者权益保护法》第四十条③中。

3. 展览、卖出"冒名"的美术作品，是对消费者的欺诈，应当按照消费者的要求赔偿其受到的损失，增加赔偿的金额为消费者购买商品的价款或者接受服务的费用的一倍。主要体现在《消费者权益保护法》第四十

---

① 第八条 消费者享有知悉其购买、使用的商品或者接受的服务的真实情况的权利。消费者有权根据商品或者服务的不同情况，要求经营者提供商品的价格、产地、生产者、用途、性能、规格、等级、主要成分、生产日期、有效期限、检验合格证明、使用方法说明书、售后服务，或者服务的内容、规格、费用等有关情况。

② 第十九条 经营者应当向消费者提供有关商品或者服务的真实信息，不得作引人误解的虚假宣传。经营者对消费者就其提供的商品或者服务的质量和使用方法等问题提出的询问，应当作出真实、明确的答复。商店提供商品应当明码标价。

③ 第四十条 经营者提供商品或者服务有下列情况之一的，除本法另有规定外，应当依照《中华人民共和国产品质量法》和其他有关法律、法规的规定，承担民事责任：（一）商品存在缺陷的；（二）不具备商品应当具备的使用性能而出售时未作说明的；（三）不符合在商品或者其包装上注明采用的商品标准的；（四）不符合商品说明、实物样品等方式表明的质量状况的；（五）生产国家明令淘汰的商品或者销售失效、变质的商品的；（六）销售的商品数量不足的；（七）服务的内容和费用违反约定的；（八）对消费者提出的修理、重作、更换、退货、补足商品数量、退还货款和服务费用或者赔偿损失的要求，故意拖延或者无理拒绝的；（九）法律、法规规定的其他损害消费者权益的情形。

九条①（13）中。

4. 展览、卖出"冒名"的美术作品，可参照《消费者权益保护法》第五十条第（四）项"伪造商品的产地，伪造或者冒用他人的厂名、厂址，伪造或者冒用认证标志、名优标志等质量标志"来处理。即应该以《中华人民共和国质量法》和其他有关法律、法规进行处罚；法律、法规未作规定的，由工商行政管理部门责令改正，可以根据情节单处或者并处警告、没收违法所得、处以违法所得1倍以上5倍以下的罚款，没收违法所得，处以1万元以下的罚款；情节严重的，责令停业整顿、吊销营业执照。

（三）《商标法》范畴中的美术作品交易

那么，在我国是否可以把某美术家的署名作为商标看待，用《商标法》来直接加以保护呢？《中华人民共和国商标法》（2013年修正）第八条规定，任何能够将自然人、法人或者其他组织的商品与他人的商品区别开的标志，包括文字、图形、字母、数字、三维标志、颜色组合和声音等，以及上述要素的组合，均可以作为商标申请注册。第九条规定，申请注册的商标，应当有显著特征，便于识别，并不得与他人在先取得的合法权利相冲突。作为申请注册的商标，《商标法》的要求可以分解为以下几个要素：1. 可视或可听；2. 可识别性；3. 不得与他人在先取得的合法权利相冲突。在很多油画创作中由于作者署名笔迹样式很少变化，以及中国画、水彩画等印章很少变化，因而也可以通过注册商标的形式，用《商标法》、《反不正当竞争法》对作品加以保护。但由于很多作品署名中由于构图审美的需要会经常变化，包括字体、造型、色彩等，所以很难标准化，也就不具备稳定的可识别性，因而把署名直接当做商标注册，用《商标法》对市场中的作品加以保护缺乏一定的可行性。但是，若某作者所有作品只用一种样式的签名或每张作品都加盖同一印章，也可以注册商标，用

---

① 第四十九条 经营者提供商品或者服务有欺诈行为的，应当按照消费者的要求增加赔偿其受到的损失，增加赔偿的金额为消费者购买商品的价款或者接受服务的费用的一倍。

《商标法》保护自己作品市场。

笔者认为，著名美术家的"署名"可以通过适用《商标法》对"驰名商标"保护的方式来加以保护。我国《驰名商标认定和保护规定》第二条规定："本规定中的驰名商标是指在中国为相关公众广为知晓并享有较高声誉的商标。相关公众包括与使用商标所标示的某类商品或者服务有关的消费者，生产前述商品或者提供服务的其他经营者以及经销渠道中所涉及的销售者和相关人员等。"原因有以下两点：1. 未注册驰名商标与已注册驰名商标享有同等法律保护。《保护工业产权巴黎公约》（1967 年文本）规定，"本同盟各国承诺"对于驰名商标给予特别保护。这里的驰名商标是指经商标注册国或使用国主管机关认定在该国已经驰名的商标。此含二类商标，一是在成员国已经注册，取得商标专用权的驰名商标；二是在成员国未经注册，先予使用（或通过宣传广告）而驰名的商标。我国作为《巴黎公约》的成员国，有义务对公约规定的驰名商标包括未注册驰名商标予以特别保护。2. 禁止他人淡化驰名商标。他人将与驰名商标相同或近似的文字作为企业名称一部分使用，且可能引起公众误认的，工商行政管理机关不予核准登记。其他关于禁止他人淡化驰名商标（或称反淡化）方式，如：以一定方式暗化驰名商标，以一定手段丑化驰名商标，将驰名商标用于商品普通名称等。著名美术家"署名"使用的保护可参照"驰名商标"的保护方式，但对于如何认定一个美术家是否属于"相关公众广为知晓并享有较高声誉"存在一定的难度，必须进行制度设计以达到公正、透明。

总之，尽管通过《商标法》保护美术家的"署名"存在种种障碍，但《商标法》对商标保护的经验和制度应对保护美术家在作品上的"署名"有重要参考价值。

第二节　美术作品版权交易之上的产业化运作

霍金斯曾说："创意并不一定是经济行为，但是，一旦创意具有了经济意义或产生了可供交换的产品，创意就可能是经济行为。"① 创意经济是以创意为基础，以知识产权为权利载体，以市场交易为手段，以科技为依托的经济模式。由美术作品产生的创意经济也是以美术作品创作为基础，以知识产权，特别是版权为权利载体的，对美术作品的产业化运作，主要是版权的许可与交易。被许可人把美术作品进行各种开发，包括印刷复制以及用于工艺品（如茶杯），甚至用于动漫元素、服装元素和餐厅装饰元素等设计领域。另一个不可忽视的现象就是"画家村"（如深圳大芬村）对名作进行人工临摹复制，虽然可以产生巨大利润，甚至救活一群百姓，但不可回避的版权问题却一直萦绕于此产业。如何对美术作品进行产业化是一个值得研究的问题。

一、畅通美术作品版权使用许可制度

版权不是去做某事的权利，更不是独占权，而是一类禁止某些人做某些事情的权利。版权的使用应该在作者、收藏者及使用者之间达到一种均衡，使美术作品版权的交易成本降低，并尽可能地扩大其传播范围。

（一）收藏者与作者在版权使用中的均衡

美术作品收藏者与作者的关系可以说是版权理论中较为复杂的一个问题，除了原件的展览问题以外，复制问题也应该加以探讨。一般大部分国家的版权法都对原件售出后的展览使用加以规定，如前述我国《著作权法》第十八条规定："美术等作品原件所有权的转移，不视为作品著作权的转移，但美术作品原件的展览权由原件所有人享有。"法律通过法条直接对展览权利加以界定。美术作品复制权没有特别规定，但在现实中却是一个较为常见的问题。一方面，法律规定作品复制权归作者享有；另一方面，收藏者为了宣传自己手中的作品，使其扩大知名度，借此逐渐升值，就会不断地对此作品进行复制，然后印刷和张贴。而作者因为已经售出此

---

① ［英］约翰·霍金斯著，洪庆福、孙微微、刘茂玲译：《创意经济——如何点石成金》，上海三联书店 2005 年版，第 3 页。

件作品，在没有法定"追续权"的情况下，作者再也无法从这件作品的买卖中获得收益，那么，若这件作品非其代表作，作者本身是没有动力去宣传这件作品的，也就存在不乐意许可收藏者行使此件美术作品复制权的情况。所以，为了取得一个均衡，实现作者、收藏者利益的平衡，就有必要对这种情况加以研究。

一种解决方案，就是通过鉴定许可使用合同的方式解决。收藏者在购买作品或者购买后根据个人需要签订版权合同，我国《著作权法》第二十四条规定："使用他人作品应当同著作权人订立许可使用合同，本法规定可以不经许可的除外。许可使用合同包括下列主要内容：（一）许可使用的权利种类；（二）许可使用的权利是专有使用权或者非专有使用权；（三）许可使用的地域范围、期间；（四）付酬标准和办法；（五）违约责任；（六）双方认为需要约定的其他内容。"第二十五条规定："转让本法第十条第一款第（五）项至第（十七）项规定的权利，应当订立书面合同。权利转让合同包括下列主要内容：（一）作品的名称；（二）转让的权利种类、地域范围；（三）转让价金；（四）交付转让价金的日期和方式；（五）违约责任；（六）双方认为需要约定的其他内容。"签订合同、明晰权利是减少纠纷的最好方式，应该说，签订合同是一种最聪明的选择。

另一种解决方案，是在《著作权法》中，像第十八条一样，直接对美术作品复制权在收藏者与作者之间进行分配，这样成本较低，且有利于美术作品的传播和推广，但却减少了美术作品作者的收益，是对其权利的削减。

（二）使用者获得美术作品版权许可的制度设计

1. "行画"复制名作问题

"行画"在美术圈内，一般指没有多少创意，只是复制名作或者画法较为"匠气"的美术品。在改革开放之后，有些大城市出现了行画生产的"画家村"，其中尤为著名的当属深圳大芬村。大芬油画村是深圳市龙岗区布吉镇布吉村民委员会下辖的一个村民小组（2004 年 8 月，布吉镇改为布吉街道，村改为居民委员会，大芬村成为布吉居委会下辖的居民小组），根据最新统计的数字，截至到 2013 年 5 月，大芬油画村共有以油画为主的各类经营门店近 1100 家，居住在大芬村内的画家、画工 8000 多人。大芬油画村以原创油画及复制艺术品加工为主，附带有国画、书法、工艺、雕刻及画框、颜料等配套产业的经营，形成了以大芬村为中心，辐射闽、粤、湘赣及港、澳地区的油画产业圈。① 但笔者认为，大芬村的"行画"是手工艺品，是艺术产品，而不是文化产品。所以，乐此不疲的探讨出自大芬的油画到底算不算艺术品，扎根大芬的画家算不算艺术家，这种讨论本身就是没有什么意义的，因为大芬油画只是一种与艺术形式有关的手工产品，与艺术本体和内涵无关。大芬村近年一直在强调画家的原创，但笔者认为，条件不是太成熟，原因有：（1）大芬根本没有高水平的原创画家，也就没有"动力源"；（2）大芬没有优秀的美术学院，美术学院不是培训中心能代替的，美术学院的造型基础和理论基础以及熏陶是培训中心不可能有的；（3）大芬面积有限，环境一般，与市里相隔较远，居住人群复杂，很多成名画家不可能长期居住。在此情况下，大芬村要继续发展，必须面对"行画"复制引起的版权问题。

从著作权法的角度来讲，有些"行画"或许就侵犯了原作者的著作权，但在当今的现实来讲，我们的艺术品消费者是非常需要这种临摹作品的，特别是临摹的名家绘画。如果我们"一刀切"，所有临摹作品不准展览，不准买卖，这只能促使非正常艺术品交易的发展，于国于民皆无好处。如果将临摹纳入合理的规范之下，允许临摹者临摹原创著名画家的作品，这个原创者还可能从中获得较大利益。这可以按照临摹是对原作品的一种演绎来理解。演绎权，是指作者或其他著作权人享有的以其作品为蓝本进行再创作的权利，一般而言，演绎是对文学作品进行的改编、翻译、注释、整理、编辑和摄制等，此后，基于原作的演绎作品的译文或改写本被出版印刷、剧本被上演或拍摄电影。可以看出，这些使用方式的结果与上述对临摹品的规模化使用颇为相似。而演绎权行使的重要原则之一就是不得损害原作者的利益，并需得到原作者的许可。因而，对"行画"临摹品的规

---

① 根据大芬村官网报道，http：//www.cndafen.com/about.asp？Title＝关于大芬。

模化使用是否也可以借鉴行使演绎权限制，让临摹者取得原作者的授权之后再来进行，并且明确表明原创者的名字。借鉴演绎许可制度的前提是作品作者要明确，这就要求美术作品著作权集体管理组织体系的存在，因而，大芬村等画家村复制有著作权的名画，在村里设立专门的版权代理谈判机构，与将来的美术作品著作权集体管理组织对接是一种趋势。

2. "艺术授权"中的谈判模式

艺术授权，在我国出现是在 2000 年左右的事情。艺术授权通常就是某公司或个人通过合同的方式获得作者或著作权人（如画家子女）的许可（包括独占许可、排他许可、普通许可），从而使用此艺术家作品进行商品包装、图案设计并复制这些图案的权利。现在在北京 798 艺术区的 Artkey 是艺术授权开始较早、效益较好的公司。笔者认为，画廊参与"艺术授权"可以充分发挥展馆、出版等"沉没资本"的作用，是创造新兴增长点的捷径。画廊的职能是将艺术品通过营销使其进入流通渠道，转化为商品。画廊的意义在于通过规范的商业运作为艺术家的成长和成功创造条件。画廊的最大优势就在于熟悉或掌握了与高层次美术作品相关的几乎所有环节。因而，画廊参与艺术授权对解决我国美术作品版权交易平台欠缺的问题具有重要意义。

那么，一家画廊如何根据本身的业务进入"艺术授权"领域呢？这是一个程序问题，更是一个法律问题。笔者认为[①]，有以下几个关键步骤：

首先，找到著作权人。艺术授权的核心是艺术作品的版权和商标权，而商标权通常是以著作权为前提的。著作权人可分为原始著作权人和继受著作权人。原始著作权人指创作作品的公民和依照法律规定视为作者的法人或者非法人单位；继受著作权指通过继承、受让、受赠等法律许可的形式取得著作权财产权的公民、法人或者非法人单位。原始著作权人享有的是完整的著作权人身权和财产权；继受著作权人享有的只是著作权的财产权，而对著作权的人身权则只有保护的义务。我国《著作权法》第九条规定："著作权人包括：（一）作者；（二）其他依照本法享有著作权的公

---

① 参见笔者在 2009 年第 11 期《画廊》杂志发表的《艺术授权，画廊的新兴增长点》一文。

民、法人或者其他组织。"第十九条规定："著作权属于公民的，公民死亡后，其本法第十条第一款第（五）项至第（十七）项规定的权利在本法规定的保护期内，依照继承法的规定转移。著作权属于法人或者其他组织的，法人或者其他组织变更、终止后，其本法第十条第一款第（五）项至第（十七）项规定的权利在本法规定的保护期内，由承受其权利义务的法人或者其他组织享有；没有承受其权利义务的法人或者其他组织的，由国家享有。"

其次，版权登记。我国著作权法同一般国家著作权法的规定和《伯尔尼公约》的要求一样，对著作权实行自动保护原则，即作品创作完成后即享有著作权，不需要履行任何登记手续。为维护作者或其他著作权人和作品使用者的合法权益，有助于解决因著作权归属造成的著作权纠纷，并为解决著作权纠纷提供初步证据，我国于 1994 年制定了《作品自愿登记试行办法》。艺术授权中，为了减少以后的法律纠纷，非常有必要进行版权登记。对于登记机关，此《办法》第三条规定："各省、自治区、直辖市版权局负责本辖区的作者或其他著作权人的作品登记工作。国家版权局负责外国以及台湾、香港和澳门地区的作者或其他著作权人的作品登记工作。"而对于登记申请者，第四条规定："作品登记申请者应当是作者、其他享有著作权的公民、法人或者非法人单位和专有权所有人及其代理人。"

再次，签订版权许可合同。美术作品版权许可合同要遵守《合同法》和《著作权法》的相关规定，其中有几个问题要注意：（1）许可合同的性质，是独占许可、排他许可、普通许可。（2）版权声明，许可人应在合同中声明自己享有无可争议的版权。（3）许可范围，是全球还是全中国。（4）是否包括网络传播权，随着网络的发展，这是应特别注意的。（5）保密及隐私条款，合同双方在接触及合同执行中有很多是双方知晓，但外界不知道的秘密事项，有的关乎荣誉和隐私，应注意保密义务。（6）争议解决条款，很多合同执行会遇到这样那样的问题，合同双方的沟通协商很重要，建议合同引入协商和仲裁条款。（7）协议应写入"对每一方的继承人和受让人均有约束力"的条款，以防出现继承等纠纷。

二、建立美术作品著作权集体管理组织体系

"著作权集体管理"并没有统一的、公认的定义，一般来说，一个机构在通过版权人的合同许可后，代表版权人管理版权并收集、分配版权许可费的活动称之为著作权集体管理。著作权进行集体管理可追溯到 1777 年的法国。1992 年底，我国第一个集体管理组织——中国音乐著作权协会开始运作。中国音乐著作权协会（MCSC）是国家版权局根据 1991 年《著作权法实施条例》的第七条发布的《国家版权局公告（第 2 号）》成立的。在 1993 年 9 月 14 日《最高人民法院民事审判庭关于中国音乐著作权协会与音乐著作权人之间几个法律问题的复函》中，进一步明确两者之间是以合同方式建立的平等主体之间的带有信托性质的民事法律关系。在 2001 年修订后的我国《著作权法》中，第八条规定："著作权人和与著作权有关的权利人可以授权著作权集体管理组织行使著作权或者与著作权有关的权利。著作权集体管理组织被授权后，可以以自己的名义为著作权人和与著作权有关的权利人主张权利，并可以作为当事人进行涉及著作权或者与著作权有关的权利的诉讼、仲裁活动。著作权集体管理组织是非营利性组织，其设立方式、权利义务、著作权许可使用费的收取和分配，以及对其监督和管理等由国务院另行规定。"虽然这一条规定缺乏细则规定，实施起来难度较大，但它以法律形式明确了著作权集体管理组织的地位，赋予了其以自己的名义代为行使权力的职能，具有开拓性意义。《信托法》第六十条第四项也规定，"为发展教育、科技、文化、艺术、体育事业而设立的信托属于公益信托"，可将著作权集体管理组织理解成公益信托的受托人。此后的 2005 年《著作权集体管理条例》对著作权集体管理组织的性质、成立条件和程序、运作模式、管理的权利范围、使用费的收取和转付、监督管理等问题作出了相对具体的规定。我国已有中国音乐著作权协会、中国文字著作权协会、中国音像著作权集体管理协会等著作权管理协会，但美术作品的著作权协会还在筹划当中。

美术作品集体管理在实现著作权人合法财产权益的同时，也为作品使用人使用作品提供了方便快捷的渠道，并可以提供多种作品版权的选择，

节省了时间和成本，有利于文学艺术和科学作品的广泛迅速传播。可以说，美术著作权集体管理制度必将在广大的著作权人和众多的作品使用者以及社会公众之间搭建起顺畅便利的桥梁。张时中的剪纸作品《孔雀舞》一案就反映了对著作权集体管理的需要。一方面，剪纸作者的作品著作权只有许可他人才有可能获得收益，实现财产权；另一方面，云南熊谷生物工程开发有限公司有对相关作品的需要却不知哪里寻找，于是委托刘丹工作室设计，从设计协议内容看，云南熊谷生物工程开发有限公司为避免侵权已作出了相应的约定，之后还将酒盒包装申请了专利，可以说云南熊谷生物工程开发有限公司主观上并无恶意，云南熊谷生物工程开发有限公司只是想为其产品获得一个良好的包装而进行委托，既然此公司使用了张时中的剪纸作品《孔雀舞》，那么，就认可了《孔雀舞》对其产品的适用性，后来被告侵权，应该属于"被动侵权"。其实，在美术著作权集体管理之后，若建立图库，这种侵权是很容易避免的，使用者完全可以直接与集体管理协会签订使用合同。

对于美术作品著作权集体管理组织的建立，如前文所述，已有《著作权集体管理条例》等法律法规，设立美术作品著作权集体管理组织需依法进行。笔者在此框架内，根据我国美术界实际情况，对建立美术作品著作权集体管理组织提出几个建议。

（一）纠正一个概念：美术著作权集体管理组织不是"打假"机构

很多美术家对于将来成立的美术著作权集体管理协会有一种期望，那就是帮助自己甚至代替自己去原作交易市场打假。正如国家版权局版权司版权处处长段玉萍在中国文联、中国美术家协会联合召开"中国美术作品版权保护座谈会"上所讲到的："集体管理到底是什么样的协会，实际上它是在著作权保护体系下，是一个非常专门的制度，应该说面不是很宽，是很窄的制度。但是这个制度又非常重要，它主要是实现法律规定权利人的一些权利，而这些权利是作者个人难以行使的。实际上，这个制度说白了就是一个收费组织，他从使用者那儿把钱收过来，扣留一部分成本，剩下的再分配给加入协会的权利人。现在我们理解的，包括我们今天讨论的很多问题，实际上不是这个集体管理组织解决的问题。"① 2005 年开始实施的《著作权集体管理条例》第四条也以概括和列举两种方式限定了集体管理的权利范围，即"著作权法规定的表演权、放映权、广播权、出租权、信息网络传播权、复制权等权利人自己难以有效行使的权利"，集体管理不包括"打假"。

（二）建议模式：版权局监管＋美术馆实际管理

成立于1992 年的中国音乐著作权协会由国家版权局和中国音乐家协会共同发起成立，但成立以来一直问题不断。据中广网报道，自 2007 年开始收取卡拉 OK 版权费，如今收取的版权费已达 8000 万元，但去向不明，报道称："企业上缴的版权费交给的不是音集协，而是一家叫天合的公司。天合公司向记者出示了音集协相关的委托证明和收费标准。不过，天合公司与音集协一样，也不愿向记者透露收缴到的版权费的分配方法。"② 国家包办的运营模式没有能够很好地给音乐家带来实实在在的收入。美术著作权协会采取"私营公司、国家监督"的模式是一种趋势。

《著作权法》第八条规定："著作权人和与著作权有关的权利人可以授权著作权集体管理组织行使著作权或者与著作权有关的权利。著作权集体管理组织被授权后，可以以自己的名义为著作权人和与著作权有关的权利人主张权利，并可以作为当事人进行涉及著作权或者与著作权有关的权利的诉讼、仲裁活动。著作权集体管理组织是非营利性组织，其设立方式、权利义务、著作权许可使用费的收取和分配，以及对其监督和管理等由国务院另行规定。"《著作权集体管理条例》第七条规定："依法享有著作权或者与著作权有关的权利的中国公民、法人或者其他组织，可以发起设立著作权集体管理组织。设立著作权集体管理组织，

---

① 《中国美术作品版权保护座谈会》会议记录，中国美协官网，http：//www. caanet. org. cn/zixun. asp？news_id＝73。

② 据中广网 2009 年 5 月 12 日《音像集体管理协会收 8 千万版权费去向不明》的报道，http：//www. cnr. cn/china/gdgg/200905/t20090512_505329577. html。

应当具备下列条件：

1. 发起设立著作权集体管理组织的权利人不少于 50 人；

2. 不与已经依法登记的著作权集体管理组织的业务范围交叉、重合；

3. 能在全国范围代表相关权利人的利益；

4. 有著作权集体管理组织的章程草案、使用费收取标准草案和向权利人转付使用费的办法（以下简称《使用费转付办法》）草案。

从我国实际来看，正如一直关注艺术法研究的中国社科院法学所周林先生在《版权集体管理及其立法研究》一文中所说："成立一个专门管理美术、摄影作品版权的集体管理组织，仅凭管理上述列举的权利是有一定难度的，特别是在成立初期，难以很快打开局面，收集到大量使用报酬，利用合理地提留的管理费，来维持组织的运转。"[①] 周先生还在文中指出："从国外类似的集体管理组织的经营情况来看，它们不仅管理二次使用的版权，而且还直接代理作品的一次使用市场，即利用集体组织的力量，把会员的作品（原作销售，或者作品一次使用的许可证）推出去。这种结合作品代理与版权集体管理的做法，是值得认真考虑的。"[②] 笔者认为，周先生的论述很有道理，"作品代理与版权集体管理"的做法也很是可行，但由于我国《著作权法》规定"著作权集体管理组织是非营利性组织"，甚至在《著作权集体管理条例》第四十二条中规定"著作权集体管理组织从事营利性经营活动的，由工商行政管理部门依法予以取缔，没收违法所得；构成犯罪的，依法追究刑事责任"。由此看来，"原作销售 + 版权代理"模式有与法律法规相左的嫌疑。

笔者认为，我国现有的美术馆基本都是"非营利"的：一方面，有专业从事美术工作的人员，有稳定的资料档案管理体系，还可以推广集体管理的作者；另一方面，美术馆又散落各地，美术作者越多的地方也一般是美术馆较多的地方，美术家完全可以就近寻找自己的著作权委托机构，避免了像中国音乐著作权协会一样全国独此一家的尴尬。

---

①② 周林：《版权集体管理及其立法研究》，中国社会科学院研究生院博士论文，2002 年。

（三）"追续权"收益应是美术著作权集体管理的重要部分

"追续权"基本含义是：当艺术作品被再次出售后，如果购买人转售他人的价格高于购买时支付的金额，则该作品的作者有权从此差额中分享一定比例的金额。[①] 美术作品与一般作品不同，其价值主要集中在原作当中，其复制品的价值与原作是无法媲美的，社会公众在看了复制品之后仍然或更加对原作感兴趣，有时复制品"盗版"反而有助于作品原件价值的提升。尚没有名气的年轻美术家很多因生计所迫，必须把自己作品以降低价格出售，而成名之后，以前购买作品原件的藏家收益巨大，而作者却不会因自己的长期努力再在这些作品中获得任何好处；甚至一些早逝的画家妻儿因画家的离世生活困难，但也只能看着他人赚钱，而不能因作品获得收益。因此，从公平正义的角度出发，让作者本人及继承人从美术作品的再次交易中获得一部分报酬是公平的，更有利于激励美术家们的创作积极性。

法国是世界上最早确立追续权制度的国家。《法国知识产权法典》第 L. 122－8 条规定："尽管作品原件已转让，平面及立体作品的作者，对拍卖或通过中间商转卖该作品所得收益有不可剥夺的分享权。分享比例统一为 3%，但仅在超过法规确定的售价时适用。该权利从每件作品的售价中提取，并不得对总价作任何抵扣。"[②]《德国著作权法与邻接权法》第 26 条规定："（1）当美术作品原件被再次出售，并且在出售活动中由艺术商或拍卖人充当购买人、出卖人或中间商时，出卖人应当把出售所得收入的 5% 付给作者。出卖所得收入少于 50 欧元的，该项义务不再履行。（2）作者不得预先放弃上述应得的份额。对该份额的期待权不属于强制执行的范围；对上述期待权的处分行为无效。（3）作者可以要求艺术商或拍卖人提供相关信息，这些信息包括：在过去一年里，截止请求行为之前，该作者的哪些作品原件在该艺术商或拍卖商的参与下被再次出售。（4）在向出卖

---

① 吴汉东、胡开忠：《无形财产权制度研究》，法律出版社 2001 年版，第 320 页。
② 《法国知识产权法典》，黄晖译，商务印书馆 1999 年版，第 16 页。

人行使自己的请求权时，必要的情况下，作者可以强求艺术商或拍卖人提供出卖人的姓名与住址以及出卖金额的相关情况。在向作者分派了其应得份额的情况下，艺术商或拍卖商可拒绝提供出卖人的姓名和住址。（5）第3款、第4款所规定的请求权只能通过著作权集体管理组织来行使。（6）如果有理由怀疑按照第3款、第4款所提供情况的正确性与完整性，著作权集体管理组织可以按照说明义务人的选择自行提供或由该人指定的审计师或宣誓的会计师对营业账目以及其他文件的正确性与完整性进行必要审核。若提供的情况不正确或者不完整，说明义务人应当承担审核费用。（7）（已废止）（8）上述规定不适用于建筑作品和实用艺术作品。"[①]《伯尔尼公约》（1971年7月24日巴黎文本）第十四条之三（一）规定："对于艺术作品原作及作家与作曲家的手稿，作者或作者死后由国家法律所授权的人或机构享有不可剥夺的权利，在作者第一次转让作品之后对作品进行的任何出售中分享利益。这项权利不可让渡。"

对于我国追续权的设立，中国人民大学郭寿康教授提出："就我国当前和最近期间的困难而论，尚难用大宗款项从国外购买美术作品。我们的绘画、书法等美术作品却随着改革、开放的发展，大量出售给国外。如我国著作权法上没有追续权的规定，即使一旦加入《伯尔尼公约》，对公约成员国内的我国作者创作的艺术作品，不论如何价格飞涨，也只能眼睁睁看着国外艺术商大发其财而不能得到按照该国法本可以取得的求偿，这显然对维护我国艺术作品作者的合法权益大为不利。"[②] 追续权得以实现的一个很重要的制度前提就是美术作品著作权集体管理制度。因为实际生活中美术家及其继承人很难以个人之力对势力强大的拍卖行要求行使此一权利，而且追续权费的提取直接影响拍卖行或中间商的利益，必然要遭到他们的反对和消极抵制。没有美术作品著作权集体管理制度，即使规定了追续权制度，其有关规定将很难真正实施，所以著作权集体管理是追续权得以实现的前提。从另一方面讲，在我国，美术著作权集体管理组织单纯靠

---

① 《德国著作权法与邻接权法》。参阅 M. 雷炳德《著作权法》，张恩民译，法律出版社2004年版。

② 郭寿康：《谈美术作品追续权》，《美术》1991年第3期。

美术作品的版权集体管理费是很难生存的，追续权收益对于集体管理组织运转同样重要。

第三节　完善美术作品交易市场的行业自治与政府干预

在交易成本为零的条件下，市场的运行能够依靠其自身的力量实现资源配置的最佳状态，政府对市场所进行的任何形式的干预都显得多余，市场在"看不见的手"的作用下能够实现资源配置最优的结果，国家只是市场的"守夜人"。然而，经济交往中不存在交易成本只是一种逻辑上的假设，在现实生活中不可能存在。政府通过法律手段来调整市场经济关系以实现降低交易成本，提高资源利用效率，从而"复制"自由、自主的市场交易。政府为了降低市场交易成本而对市场经济的干预因政府固有的缺点使政府干预经济时也会产生交易成本，该交易成本也会增加自由、自主交易的障碍，使政府干预失灵。因此，有必要通过设立政府干预市场的规则来规范政府干预行为。

在"计划经济向市场经济转型"的背景下，市场的发展和法治化又离不开政府的推动和介入，而建立美术作品交易市场和美术作品交易市场的法治化是实现和保护美术作品作者财产权的关键，所以，研究美术作品作者财产权益保护应该正视政府的作用，政府既不能不介入，也不能不当介入，"缺位"的地方要"补位"，"越位"的地方要"退位"，"错位"的地方要"正位"。此外，对美术作品交易市场的调控，不仅仅是政府的事情，更应该发挥非政府行业协会对市场的调控作用，形成政府干预与行业协会自治互动的局面。

一、成立非政府画廊行业协会

在探讨美术作品作者财产权益保护方法中，大致有三种观点：一是加强知识产权和物权立法，通过完善有关美术作品的知识产权和物权法律制度，明晰权利界定，保护美术作品作者的财产权；二是加强政府监管，通过行政调查和执法来保护美术作品作者的财产权；三是通过加强合同立法，通过完善有关美术作品交易合同制度来强化交易安全，实现作者财产权益保护。笔者认为这三种观点都有可取之处，都是应该加强的，但这些都属于"软件"，而这些"软件"运行必须基于一定"硬件"基础，需要一定组织机构来进行。在我国，近三十年来政府（包括法院）、企业都在进行着体制机制上的转型，政府从全能管制型向有限法治服务型转变，现有企业类型也从国营集体走向多元化，政府对企业的直接控制力逐渐趋弱，而是通过在遵守市场运行规律的前提下，通过法律、税收、金融等间接手段进行管理。由此，就会引申出两个问题：其一，转型时期出现的空隙使得侵权人有机可乘，从事侵犯美术作品作者权利的活动；其二，即使转型逐渐完成，也因"市场失灵"和"政府失灵"的缘故，使得侵犯美术作品作者财产权的行为依然会存在。故本文认为，当下对于如何在组织机构上完善美术作品作者权益保护体系，要比单纯增加法律法规条文来得紧迫。行业协会属于"第三部门"，"第三部门"是相对于政府部门、市场部门而存在的第三种社会力量，其本身兼具市场的效率和政府部门的公平性，同时又可以避免追求最大利润及各层组织僵化的缺失。"第三部门"也是协调政府、企业及公众利益，促进社会和谐的桥梁。行业协会特别是画廊协会对于弥补当下我国转型时期政府与市场调整美术界各方利益，维护正当的美术作品作者权益具有重要作用。行业协会是经济法领域的重要主体，是现代国家经济治理的重要载体，其有效发展将促进社会资源配置手段从传统的"市场"或"国家"单极治理模式转向"市场调节——协会治理——国家干预"的三元模式，从而降低资源配置的政府成本，优化国家治理经济的手段。

（一）国外及我国台湾画廊协会及其功能分析

画廊行业在欧美国家已是存在半个世纪的非政府、非盈利组织（也成为"第三部门"），1992年我国台湾也建立了"以提倡全民艺术风气"、引导"艺坛迈向国际化"为宗旨的非政府画廊协会。

1962年成立的美国艺术经纪人协会（Art Dealers Association of America，简称 ADAA）是美国全国性的非盈利画廊协会组织，会员由来自美国 25 个城市共 170 余家画廊组成。会员资格要求具备 5 年以上的艺术经纪资历，并且能够提供专业艺术咨询服务的社会大众者。美国艺术经纪人协会在美国艺术社群中扮演着重要的角色，把为艺术家找到观众，为收藏家找到艺术品，以协助美国民众进入艺术收藏世界作为自己的任务。美国艺术经纪人协会开办的年度艺博会（Art Dealers Show）充满生气与活力。[1] 已有三十余年历史的德国当代画廊协会（Bundesverand Deutscher Galleriene. V. ）是德国全国性的画廊协会。会员有五百多家画廊组成，分为一般性会员和新兴画廊会员。它是"画廊产业和政府政策对话的窗口、与世界接轨的平台和对外沟通机制"。协会最重要的功能就是"与政府的对话，整合执业者提出对艺术产业外围环境和条件的期许和文化及经济政策面做沟通"[2]。这些政策部分包括税制与优惠、艺术家社会保险捐、艺术家转售权利金、展览赞助等。画廊协会为提供画廊之间的交流平台、支持画廊参加博览会（画廊协会本身并不做展览规划）、提供展览日期、奖项、新闻等信息并提供法规问题的咨询等，以及协调收藏家及画廊之间收藏买卖的事宜。BVDG 每年招开会员大会，时间与地点与科隆艺博会（Art Cologne）结合。同时，在会场上有 BVDG 每年从画廊提出的申请案中选出青年艺术家参加 Art Cologne 的新秀展，这对于画廊积极寻求新生代有潜力的艺术家有一定的激励作用。

台湾画廊协会（T. A. G. A. ）在其协会章程中对自身的任务做如下阐述："一、提升艺术层次，推广艺术教育，以提高全民美术鉴赏能力。二、建立合理的艺术市场秩序。三、争取共同权益，以促进艺术发展空间之合理化。四、促进国际艺术交流。五、促进会员间之联谊与合作。六、其他与本会宗旨相符之事项。"[3] 其会员分为正会员、准会员、荣誉会员、赞助

---

① 见美国艺术经纪人协会（Art Dealers Association of America），官网 http：//www. art-dealers. org/about. html。

② 见德国当代画廊协会（Bundesverand Deutscher Galleriene. V. ）官网 http：//www. bvdg. de。

③ 见台湾画廊协会章程，http：//www. aga. org. tw/。

会员、海外准会员、海外正会员，明确要求"拒绝销售伪画"，若"会员（会员代表）有违反法令、章程或不遵守会员（会员代表）大会决议时，得经理事会决议，予以警告或停权处分，其危害团体情节重大者，得经会员（会员代表）大会决议予以除名"①。台湾画廊协会一般服务项目包括：办理"台北国际艺术博览会"（ArtTaipei）、画廊产业推广及研究、公部门之政策顾问、台湾艺术产业之国际行销。会员服务项目包括：艺术市场信息提供、会员聚餐及会员讲座、争取会员政府补助、安排会员国外考察旅行、协助会员国外参展其他艺术博览会参展机会、鉴定鉴价服务、画廊协会会员标章推广、伪作争议案件申诉处理。

台湾画廊协会"为保障消费者权益，确保本会会员提供之艺术品以及服务均符合诚信原则，特制定《画廊协会会员标章》；同时为协助本会会员落实伪作消费争议申诉案件之处理，特制定《伪作争议案件申诉处理办法》"②。所谓"标章"近似我国大陆之"集体商标"，"为可信赖的艺术交易单位之辨识标章，本标章系表示该会员同意遵守法令、本会章程与拒绝伪作交易，促使艺术市场健全发展之原则。一般消费大众便可简单明确地辨识，凡张贴本标章者为可信赖的艺术交易单位"。其目的在于："凝聚产业共识，提升艺术市场竞争力；保护消费者权益，稳健市场秩序。"《伪作争议案件申诉处理办法》中的"伪作争议"是"指艺术品有伪造、变造、仿冒或其他相关情事所引起之争议"，"申诉案件"指"消费者因与本会会员购买涉及伪作争议之作品，而向本会提起申诉之案件"。

与之相对应的，"为端正艺术市场风气，确保正当经营画廊名声及保障收藏家之权益和提供公私立机构、个人之艺术品鉴定/鉴价服务"制定了《画廊协会受理艺术品鉴定/鉴价办法》。此办法规定，受理条件包括："1. 本会仅受理画廊协会会员、政府部门、银行团体之委托鉴定申请。2. 以受理在世华人艺术家作品为原则，如已过逝华人艺术家之作品，委托人

---

① 见台湾画廊协会章程第九条。
② 《〈画廊协会会员标章〉与〈伪作争议案件申诉处理办法〉》，http：//www. aga. org. tw/。

需提供作品完整之来源证明文件。"①

美国、德国及我国台湾地区的画廊行业协会的功能主要有：1. 为画廊服务，包括信息、法律等方面；2. 调节市场秩序，包括行业诚信自律活动，伪作争议调节等；3. 专业服务，包括鉴定、估价等；4. 向国家争取税制优惠、艺术家社会保险捐、艺术家转售权利金、展览赞助等；5. 拓展海外市场，兼有"反倾销"性质；6. 组织高规格的艺术博览会。

（二）我国画廊行业协会的模式选择

中国新型行业协会的产生与发展模式在某种程度上是改革发展的附属物，体现着自上而下的"体制内生模式"与自下而上的"市场内生模式"的特征，大体对应于"强制性制度变迁"与"诱致性制度变迁"。早期的行业协会（如中国食品工业协会、中国饲料工业协会等）主要是在学习国外行业管理的基础上成立的全国性的行业协会。在市场经济体制建立初期，由于市场机制不健全，自发的民间组织没有形成，政府积极干预经济活动，在一定程度上代替市场调节和民间组织的调节，是一种理性的选择。但体制内途径生成行业协会获得了相当大的政府职能，有可能形成"权力寻租"，导致"二政府"的危害。同时这类行业协会普遍面临官僚作风、经费短缺、企业认可度不足等问题的困惑。

"诱致性制度变迁"产生的行业协会，因其在本行业覆盖率高，更能代表会员的利益，因而更富效率性。诟病强制性制度变迁产生的所谓"官办型"行业协会，但须知单靠诱致性制度变迁等待中介组织自发出现，并不一定是最好的发展模式。② 由于外部效应和"搭便车"③ 是诱致性制度变迁的固有问题，"成本—收益"失衡，所以发起者的制度创新动力不足。而且，诱致性制度变迁具有渐进性，民间行业协会的组建是一个漫长的过

① 《画廊协会受理艺术品鉴定/鉴价办法》，http：//www.aga.org.tw/.

② 姚海琳、王珺：《地方政府对企业集群成长的作用与中介组织发育》，《学术研究》2003年第6期。

③ 如画廊协会成立后若投入巨大成本治理画廊售假收到成效，那么，整个画廊业都会因诚信而收益，包括那些没有参加画廊协会的画廊。

程，需要多次反复。此外，行业协会的资金在很大程度上依赖于企业捐赠，因而在行业协会发展过程中，如何处理好保障行业协会代表行业利益而不是某个企业利益的扩张是一个棘手的问题。在与政府关系上，市场内行业协会与政府相关部门的关系比较疏远，很难得到政府的财政补贴，也很难在现有体制下与政府展开对话，争取行业利益。

2007 年出台的《国务院办公厅关于加快推进行业协会商会改革和发展的若干意见》提出对行业协会总体要求包括："一是坚持市场化方向。通过健全体制机制和完善政策，创造良好的发展环境，优化结构和布局，提高行业协会素质，增强服务能力。二是坚持政会分开。理顺政府与行业协会之间的关系，明确界定行业协会职能，改进和规范管理方式。三是坚持统筹协调。做到培育发展与规范管理并重，行业协会改革与政府职能转变相协调。四是坚持依法监管。加快行业协会立法步伐，健全规章制度，实现依法设立、民主管理、行为规范、自律发展。"《意见》反映了政府对行业协会发展的要求，也应该说是反映了市场经济环境下市场对行业协会发展的要求，具有指导性。

笔者认为，我国画廊行业协会应该走"体制内外结合型"的道路。画廊协会的产生既需要政府的直接倡导和大力培育，又依赖于各类相关经济主体的自愿加入。画廊行业协会特别是全国性画廊行业协会的组建不应是完全自上而下的政府行为，也不能完全等其自发产生，而是应由画廊自主组建，政府给予一定的扶持。中间型行业协会的组建或源于行业本身的需求旺盛，而由政府引导；或源于政府出于促进行业发展的考虑，引发企业热情，推动企业组建行业协会。体制内外结合产生的行业协会可同时取得行政的、社会的和法律的合法性，而又在实际运作过程中，与政府和成员企业之间的摩擦程度最小。"政府推动 + 行业自主"可以使我国画廊行业协会组织在建立公平竞争环境、维护美术作品作者财产权益和促进文化产业发展中发挥更大的作用。

具体来讲，在民间组织的艺术博览会（如"艺术北京"、"中艺博"等）的基础上，以博览会主办者为基础，国家给予一定启动资金，成立中国画廊行业协会是一种不错的选择。我国苏州市已于 2009 年 12 月 23 日在苏州文联等部门组织下成立了苏州市画廊协会，此协会是我国大陆最先成立的地方画廊协会，是一个新的尝试。在成立准备过程中，"在沧浪区文化产业领导小组的大力支持和配合下，苏州市文联曾先后组织并召开五次座谈会、调研会。文联党组多次召开专题会议，具体研究成立画廊协会的必要性以及画廊协会在整个文化事业发展中的定位问题，部署成立画廊协会的方案"。苏州市画廊协会在功能上强调"必须着力建立画廊与画廊之间、画廊与书画家之间、画廊与收藏家之间的良好合作关系，并与外地包括国际业界加强联系、建立合作关系，整合苏州整体的力量，为书画家、收藏家做更多、更高质量的服务，共同为繁荣苏州文化艺术作贡献"[1]。笔者认为，苏州市画廊协会的成立确实具有一定的表率作用，对于全国画廊协会及其他地方画廊协会成立具有借鉴意义，但其中公平、效率和内部民主等问题仍值得探讨。

（三）我国画廊行业协会的功能问题

对于行业协会功能，《国务院办公厅关于加快推进行业协会商会改革和发展的若干意见》提出以下几点：充分发挥桥梁和纽带作用；加强行业自律；切实履行好服务企业的宗旨；积极帮助企业开拓国际市场。就画廊协会而言，笔者认为有以下几个功能是较为急迫的：

1. 画廊行业协会引导建立"经纪"代理制

美术圈中通常所说的"经纪方式"代理制，一般是指画廊固定付给画家生活津贴，制定长远艺术生涯发展规划，并提供展览场地或安排出外展览，联系画册出版、媒体采访以及其他必要推广活动，而且要为美术家提供生活、法律方面的咨询与顾问。作为回报，画廊一般要求画家每月或每年要给画廊几件作品，且画廊有选择的权利；美术家不能再把自己作品交给其他人销售。经纪方式下的画廊与美术家是一同成长的。

"经纪方式"下，美术家与画廊之间在法律上不是代理合同，也不是委托合同，而是一种特殊的劳务合同。从我国《合同法》对合同的类型划

---

① 苏州市文联网，http：//www.szwxysw.com/InfoDetail.asp? id = 6762。

分来看，"经纪合同"显然不属于"有名合同"①的一类。另外根据《经纪人管理办法》第2条："本办法所称经纪人，是指在经济活动中，以收取佣金为目的，为促使他人交易而从事居间、行纪或者代理等经纪业务的自然人、法人和其他经济组织。"第16条规定："经纪人承办经纪业务，除即时清结外，应当根据业务性质与当事人签订居间、行纪、委托等合同，并载明主要事项。"由此可见经纪合同包括"居间、行纪、委托等合同"，其合同性质是随经纪业务的性质而定，法律并没有对其定性。前述美术界一般所指"经纪方式"，从其性质看，应是特殊的劳务合同。应该说，无论在国内还是国外，这种"经纪方式"都属于一种较理想化的合作方式，既能满足画廊对精品的长期需要又满足美术家成长的需要，但"经纪方式"很多时候要求画廊老板与画家之间存在友谊为前提。在美术界常用的合同方式，主要是购买协议（中间商类型）、寄售协议（寄售店类型）以及代理协议（代理人类型），而非"经纪方式"。②

在美术作品的交易中，这种源于法国的画廊的经纪是一种对保护美术作品作者财产权很实用的方式。经纪人可以提供作品的原始档案，它是权威的信息发布者，同时也具有鉴定的可靠性。经纪制度是美术作品交易市场的基础。画廊行业协会对"经纪方式"应从法律以及建档等方面加以引导。

2. 引导画廊艺术品档案建设

文化部、国家档案局于2001年12月颁布了《艺术档案管理办法》，《办法》第二条指出："艺术档案是指文化艺术单位和艺术工作者在艺术创作、艺术演出、艺术教育、艺术研究、文化交流、社会文化等工作和活动中形成的，对国家和社会有保存价值的各种文字、图表、声像、实物等不同形式的历史记录，是宝贵的文化遗产。"在其《附件：艺术档案归档范围》中规定，绘画（中国画、油画、版画、水彩画、素描、速写、壁画、宣传画、年画、挂历、漫画、连环画等）创作形成的草稿、定稿、作品照片等材料；雕塑形成的画稿、三维画稿、定稿等材料；书法篆刻活动形成

---

① 有名合同又称为典型合同，是指在法律上已设有规范并赋予名称的合同，如买卖合同。
② 参见赵书波《画廊，你的身份是什么?》，《画廊》2009年第2期。

的材料；美术展览活动形成的材料；各种艺术比赛评奖形成的材料；各种艺术学术会议形成的材料；各种文化艺术刊物创刊以来形成的材料及刊物出版的重要原稿；各种艺术评论、报道、剪报材料等都属于艺术档案归档的范围。

此《办法》还规定，文化艺术单位应建立健全艺术档案管理机构，设置艺术档案工作岗位，配备熟悉业务的专职艺术档案工作人员。省、自治区、直辖市文化行政管理部门可报请地方人民政府批准设立集中保管艺术档案的专门机构，负责征集、接收和保管本地区的艺术档案和有关的艺术档案资料。可见，画廊、美术馆、博物馆、拍卖行都应该有自己的艺术档案。

此外，《美术品经营管理办法》第十五条规定，县级以上文化行政部门应当建立美术品经营单位的信用档案，将企业的服务承诺、经营情况、消费者投诉情况记录在案，定期向社会公示。

画廊行业协会建立之后，有必要引导画廊建立美术作品档案制度，把画廊展出以及出售的美术作品通过建立原始档案的形式明确其来龙去脉，使画廊真正成为代理画家的权威信息发布者。

3. 美术作品鉴定评估

台湾画廊协会的《画廊协会受理艺术品鉴定/鉴价办法》、《伪作争议案件申诉处理办法》可以对大陆画廊协会从事美术作品鉴定评估起到一个借鉴作用。但其鉴定委员会之组成又有些草率的感觉，"常设委员：设水墨、西画、雕塑、特殊材质等四组，每组由相关学者、专家5人组成。专门委员：视个案另延聘国内外专业学者、材料鉴定师以及艺术家之资深师生代表、家属、基金会、和相关代理、经营之画廊、专业人士等组成"。笔者认为，在大陆画廊行业协会设立之后，若进行鉴定评估，应对近代名家建立自己的专家库，作为《鉴定评估办法》的名单附件。还应发挥著名美术家美术馆、纪念馆、博物馆等专门机构作用，如关山月美术馆应有资格参与关山月作品的鉴定。

4. 举办艺术博览会

我国现行体制下，举办艺术博览会基本都是当地政府的事情，从举办目的到投资、策展都可以明显感受到政府的影响。官方艺术博览会由于可能把政治利益、个人政绩等也纳入其收益评估之中，不完全以"利润最大化"为原则，再加上主管机构的艺博会专业知识的有限性、意识形态刚性、有限理性、官僚政治等方面的限制和困扰，其专业水平大打折扣，对艺术本身的促进效果可能大受影响。非政府画廊行业协会成立后，成为画廊行业与政府之间的桥梁和纽带，又可以从专业的角度来策划，因而具有政府、民间都没有的综合优势。

5. 推广中国艺术，扩展国际市场

我国艺术品特别是国画在国际市场上的价位一直低于西方油画，固然有藏家实力、国家影响力等综合因素，但一个不容忽视的直接因素就是我国画廊的营销没有做好。中国艺术的推广、中国艺术影响力的扩大，固然政府投资推进的展览及交流很重要，但这大都是暂时的、概念的，若要真正使中国艺术对世界产生影响，就必须是长期的、案例式的。通过画廊协会这种非政府组织的推进，我国画廊可以逐渐进入国外市场，通过商业的方式逐渐把我国艺术品输出到国外，这样才能使我国艺术在国外民众的身边保持长久的影响力。

二、发挥税收的监管与引导作用

国家在对美术作品交易征税过程中，一方面要查明画廊、拍卖行交易情况，正确计算并征收税款；另一方面又可监控美术作品的流向，为美术作品"打假"提供原始资料。对于购买者来讲，原始购买发票既是作品正当来源的说明，具有"保真"的说服作用，又是在发现问题时，要求解除合同或追求画廊、拍卖行责任的证据。由于艺术品税收监管几乎为空白，很多美术作品买卖没有任何凭证，藏家和美术家逃税一直为社会所诟病。在前文中提到的珠海"黎雄才关山月作品展"假画风波中，策展方和作品所有人若能出示合法有效的完税凭证，对证明作品的真实性是十分有帮助的。

对于美术作品交易的税务管理工作，早在 1997 年国家税务总局就下发了《关于书画作品、古玩等拍卖收入征收个人所得税有关问题的通知》①

_____

① 现已失效。

（国税发〔1997〕154号），2007年国家税务总局"为增强可操作性，需进一步完善规范"，又下发了《关于加强和规范个人取得拍卖收入征收个人所得税有关问题的通知》（国税发〔2007〕38号，以下简称38号文），对个人通过拍卖市场拍卖字画、瓷器、玉器、珠宝等各种财产所得征收个人所得税有关政策规定进行了细化，并明确拍卖机构为个人拍卖收入的扣缴义务人。38号文第一条规定："个人通过拍卖市场拍卖个人财产，对其取得所得按以下规定征税：（一）根据《国家税务总局关于印发〈征收个人所得税若干问题的规定〉的通知》（国税发〔1994〕089号），作者将自己的文字作品手稿原件或复印件拍卖取得的所得，应以其转让收入额减除800元（转让收入额4000元以下）或者20%（转让收入额4000元以上）后的余额为应纳税所得额，按照'特许权使用费'所得项目适用20%税率缴纳个人所得税。（二）个人拍卖除文字作品原稿及复印件外的其他财产，应以其转让收入额减除财产原值和合理费用后的余额为应纳税所得额，按照'财产转让所得'项目适用20%税率缴纳个人所得税。"

按38号文，美术作品应属于按照"财产转让所得"项目适用20%税率缴纳个人所得税的一类，如纳税人不能提供合法、完整、准确的财产原值凭证，不能正确计算财产原值的，按转让收入额的3%征收率计算缴纳个人所得税。可见，美术作品作者直接送拍作品，应按转让收入额的3%征收率计算缴纳个人所得税。

38号文第三条规定，个人财产拍卖所得适用"财产转让所得"项目计算应纳税所得额时，纳税人凭合法有效凭证（税务机关监制的正式发票、相关境外交易单据或海关报关单据、完税证明等），从其转让收入额中减除相应的财产原值、拍卖财产过程中缴纳的税金及有关合理费用。

1. 通过商店、画廊等途径购买的，为购买该拍卖品时实际支付的价款；

2. 通过拍卖行拍得的，为拍得该拍卖品实际支付的价款及交纳的相关税费；

3. 通过祖传收藏的，为其收藏该拍卖品而发生的费用；

4. 通过赠送取得的，为其受赠该拍卖品时发生的相关税费；

5. 通过其他形式取得的，参照以上原则确定财产原值。

从 38 号文的落实情况来看，尚存在一些漏洞，"会有不少藏家会在新政面前逃离拍卖会，转向私下交易，躲避税收征管"。[①] 笔者认为，为了鼓励减少私下交易，更好理清美术作品的来历，维护美术作品交易市场的秩序，有必要鼓励拍卖中送拍方提供前手交易的正式票据，可以考虑把合法有效凭证的纳税人的税率再降低一些。这样既可以监控拍卖中美术作品的流向，也有利于促进商店、画廊等正式交易的规范化。

第四节　建立多元的美术作品作者财产权益纠纷解决机制

"没有救济就没有权利"，仅有法律授予而无法律保护的权利不能称得上完整的权利。完善美术作品作者侵权救济制度是保护美术家财产权益必须研究之问题。在现实生活中，当事人可以采取协商和解、调解、仲裁、行政调解、行政诉讼、司法诉讼等多种纠纷解决方式来救济自己的权利缺损，这些解决方式产生的成本、效益也不相同。如果制度设计允许当事人自愿选择纠纷解决机制，那么，当事人就会根据"成本—收益"原理作出最适合自己的选择。减少美术作品作者及其他当事人维权成本的核心是降低维权费用，而降低维权费用的核心应该是维权方式的多元选择与竞争。

一、诉讼外解决

（一）设立中国艺术品仲裁委员会

我国《仲裁法》第十条规定："仲裁委员会可以在直辖市和省、自治区人民政府所在地的市设立，也可以根据需要在其他设区的市设立，不按行政区划层层设立。仲裁委员会由前款规定的市的人民政府组织有关部门

---

① 见 2007 年 4 月 27 日《新华日报》中《新规下月起强征 20% 个税：艺术品拍卖振荡几何》报道。

和商会统一组建。设立仲裁委员会，应当经省、自治区、直辖市的司法行政部门登记。"与前一节画廊行业协会的设立相呼应，我国艺术品仲裁委员会应该是在艺术行业协会的基础上组建，行业协会是仲裁委员会的协助者。但中国仲裁协会是社会团体法人，独立于行政机关，与行政机关没有隶属关系，与其他仲裁委员会之间也没有隶属关系。

正如"海事仲裁委员会"一样，艺术品因其专业属性较强，且交易量较大，纠纷不断，为方便当事人专业、有效地解决此类纠纷，促进艺术品市场的规范、快速发展，有必要设立专门的艺术品仲裁委员会。

仲裁在解决艺术品纠纷中的优势：1. 专业技术性。随着艺术行业的发展，特别是造假技术的发展，艺术品的纠纷通常都涉及愈来愈强的专业性。仲裁委员会仲裁庭组成人员的专业性可以满足艺术品纠纷具有专业技术性的特点，保障纠纷解决的公正性。2. 快速性。相当一部分当事人选择仲裁是因为惧怕法院冗长的诉讼。仲裁一裁终局，避免了像法院诉讼那样冗长的程序，而且仲裁程序灵活，委员会可以根据这类案件的特点制定特别的仲裁程序，更为快捷地审理案件。3. 保密性。仲裁一般不进行公开审理，可为当事人保守商业秘密，维护当事人的形象和声誉，既解决争议又力求不伤感情。4. 执行力广泛。我国《仲裁法》规定，仲裁裁决与法院判决具有同样的执行力。同时，《联合国承认和执行外国仲裁裁决的公约》规定，仲裁裁决书可以在全球 100 多个国家和地区得到承认和执行。

（二）整合形成统一的艺术品市场行政执法部门

根据《著作权法》、《反不正当竞争法》、《拍卖法》、《合同法》等法律规定，以及《行政处罚法》，行政部门拥有包括美术作品在内的艺术品交易市场的监督、检查及处罚权力。市场文化部门依据《文化市场行政执法管理办法》（文化部令第 36 号）和《美术品经营管理办法》（文化部令第 29 号），工商部门依据《工商行政管理机关行政处罚程序规定》，版权部门依据《著作权行政处罚实施办法》分别实施自身的行政管理、处罚功能。虽然是多管齐下，但在有关美术作品作者财产权益保护中，文化部门、工商部门、版权部门容易形成多头执法的现象，缺少明确的分工、合作，反而容易造成推诿现象。在第二章的案例中，出现的"冒名"造假及拍卖、"假画册"出版、假画展览等行为已不是哪个部门能妥善解决的问题，"越打越假"的事实也证明这种分头执法、无明确责任可追究的行政执法形式应该得到改变。如著名画家李延声曾在 2006 年全国政协会议上提交了一个《规范艺术品市场管理之我见》的提案，针对当前的赝品泛滥，提出规范艺术品市场、保护著作权、完善《拍卖法》等一系列建议。这个提案提出后，文化部文化市场司给他的答复中解释说："1997 年的《拍卖法》除文物等特殊商品外，并没有对文化艺术品拍卖作出规定，2003 年国务院第二批取消的行政审批项目中，取消了文化部门对艺术品拍卖企业和艺术品拍卖活动的审批职能，文化部实际上丧失了艺术品拍卖的管理职能——文化部曾与商务、工商部门多次协商，一再强调艺术品的特殊性，希望将艺术品作为特殊商品，制定关于艺术品拍卖管理的细则，但一直未曾达成一致意见。"①

笔者认为，根据国家"大部制"改革的原则，应该合理整合三部门在艺术品市场监管、执法及处罚中的功能，组建文化部门领导的艺术品综合执法部门是较为可行的方法。原因大致可分为以下几点：1. 按照国务院部委职能分工，文化部职责之一就是"拟订文化市场发展规划，指导文化市场综合执法工作，负责对文化艺术经营活动进行行业监管"②。2. 文化部门具有对艺术品（包括美术作品在内）的专业鉴定和对出版、印刷画册、作品集及拍卖图录在内的内容识别能力，具有兼顾艺术品买卖、图册印刷出版执法的专业能力。3. 假画册出版、假拍、拍假破坏的社会关系都最终属于文化艺术市场秩序范畴。4. 文化部门执法有利于更好反映文化艺术作品作者的正当要求。

对于艺术品文化部门的执法，笔者认为，应从真正落实《美术品经营管理办法》（文化部令第 29 号）开始。此《办法》虽非尽善尽美，也缺少操作性，但其大部分条款仍值得肯定，如《办法》第十三条之（三）

---

① 张英：《假画泛滥，造假卖假责任难究——为什么打假画这么难?》，《南方周末》2008年 6 月 4 日。

② 《文化部主要职责》，http：//www. ccnt. gov. cn/xxfb/jgsz/zyzz/200504/t20050406_4756. html。

规定，美术品经营单位应当有美术品合法来源证明。第十四条中规定："美术品经营单位不得经营盗用他人名义的美术品；从事美术品经纪活动的专业人员不得在两个或者两个以上的美术品中介服务单位执业。"第十五条规定："县级以上文化行政部门应当建立美术品经营单位的信用档案，将企业的服务承诺、经营情况、消费者投诉情况记录在案，定期向社会公示。"如果此《办法》得以真正落实，美术作品一级市场基本可以杜绝假画。

此外，艺术品文化执法部门应该内设调解部门，对于一般的美术作品纠纷，可以通过专业调解人员的调解加以解决，减少诉讼。行政执法部门内设调解部门的价值，已经在交警处理交通事故的实践中得到证明。如在江苏省南京市交管局第七大队事故中队道路交通事故纠纷人民调解工作室4 位工作人员的努力下，2009 年受理的 362 件纠纷中，有 327 件成功调解，涉及金额达到 537 万元，其中死亡事故 8 件，仅有 19 件进入诉讼程序解决。而在 2010 年 1 月受理的 39 件事故纠纷中，仅有 1 件没有成功调解，当事人选择了诉讼途径解决。①

二、诉讼解决

当美术作品作者财产权益受到侵害时，根据我国《民法通则》、《侵权责任法》、《物权法》及《著作权法》来进行权利救济。笔者认为，有以下几点在民事诉讼中应该改进：

（一）美术作品鉴定与司法鉴定的衔接问题

鉴定意见是诉讼中的重要证据之一，对诉讼结果往往起着至关重要的作用，有关美术作品的官司最为核心的往往是作品与作者之间的关系。

《全国人大会常委会关于司法鉴定管理问题的决定》第四点规定："具备下列条件之一的人员，可以申请登记从事司法鉴定业务：1. 具有与所申

---

① 见 2010 年 2 月 24 日《法制日报》关于《交通事故纠纷调解率直升 60 个百分点》一文的报道。

请从事的司法鉴定业务相关的高级专业技术职称；2. 具有与所申请从事的司法鉴定业务相关的专业执业资格或者高等院校相关专业本科以上学历，从事相关工作五年以上；3. 具有与所申请从事的司法鉴定业务相关工作十年以上经历，具有较强的专业技能。因故意犯罪或者职务过失犯罪受过刑事处罚的，受过开除公职处分的，以及被撤销鉴定人登记的人员，不得从事司法鉴定业务。"第五点则对法人或者其他组织申请从事司法鉴定业务列出了如下条件："1. 有明确的业务范围；2. 有在业务范围内进行司法鉴定所必需的仪器、设备；3. 有在业务范围内进行司法鉴定所必需的依法通过计量认证或者实验室认可的检测实验室；4. 每项司法鉴定业务有三名以上鉴定人。"第六点规定："申请从事司法鉴定业务的个人、法人或者其他组织，由省级人民政府司法行政部门审核，对符合条件的予以登记，编入鉴定人和鉴定机构名册并公告。省级人民政府司法行政部门应当根据鉴定人或者鉴定机构的增加和撤销登记情况，定期更新所编制的鉴定人和鉴定机构名册并公告。"按此《决定》，美术作品鉴定专业也可以设立专业司法鉴定中心进行鉴定。而且，根据此《规定》第六条："各鉴定机构之间没有隶属关系，鉴定人和鉴定机构接受委托从事鉴定活动，不受地域范围的限制。"也就是说，鉴定机构可以存在竞争。

关于鉴定的启动程序，《最高人民法院关于民事诉讼证据的若干规定》第二十六条规定："当事人申请鉴定经人民法院同意后，由双方当事人协商确定有鉴定资格的鉴定机构、鉴定人员，协商不成的，由人民法院指定。"在初次鉴定之后，如果当事人对法院委托鉴定部门鉴定结论有异议，提出证据证明有下列情形之一：1. 鉴定机构或者鉴定人员不具备相关的鉴定资格的；2. 鉴定程序严重违法的；3. 鉴定结论明显依据不足的；4. 经过质证认定不能作为证据使用的其他情形。那么，法院应予准许重新鉴定。对有缺陷的鉴定结论，可以通过补充鉴定、重新质证或者补充质证等方法解决的，不予重新鉴定。此外，此《规定》第二十八条规定："一方当事人自行委托有关部门作出的鉴定结论，另一方当事人有证据足以反驳并申请重新鉴定的，人民法院应予准许。"

（二）增加美术作品侵权者对权利人的赔偿金额

我国《民法通则》第一百一十八条规定："公民、法人的著作权（版权）、专利权、商标专用权、发现权、发明权和其他科技成果权受到剽窃、篡改、假冒等侵害的，有权要求停止侵害，消除影响，赔偿损失。"《著作权法》第四十八条规定："侵犯著作权或者与著作权有关的权利的，侵权人应当按照权利人的实际损失给予赔偿；实际损失难以计算的，可以按照侵权人的违法所得给予赔偿。赔偿数额还应当包括权利人为制止侵权行为所支付的合理开支。权利人的实际损失或者侵权人的违法所得不能确定的，由人民法院根据侵权行为的情节，判决给予五十万元以下的赔偿。"

"赔偿损失"之"损失"应当理解成所受损害和所失利益。就著作财产权这种无形财产而言，一般情况下权利人不会遭受直接财产损失，所受损害多为侵权人对精神权利的侵害的赔偿；所失利益主要是市场份额不受侵犯时应得的经济收益，在美术作品版权市场不发达的中国，很难确定作品的经济收益；此外，权利人因制止侵权行为、为诉讼而调查取证所支出的费用也很难得到全部补偿。在上文著名画家陈湘波诉北京娃哈哈酒店一案中，酒店的装饰必然会增加顾客就餐的愉悦感，满足顾客的审美需要，间接为酒店增加收入，但违法所得的数额实在难以确定。据一线法官审判经验，知识产权案件"在确定赔偿数额时，往往又由于证据的原因，无法获得被告侵权产品的数量、获利等实际情况。最终只能根据数额赔偿30万元以下，最高不超过50万元的赔偿。这种做法的结果是侵权人在支付了赔偿额之后，往往仍有较大的利润空间，不足以打击侵权行为。另一方面，有些法院在当事人依据行政机关已对其进行处罚进行抗辩时，确定赔偿数额偏低，这样也不足以制止侵权行为"[1]。从"假冒"赔偿来看，法院也很难判定一幅假冒美术品可以对某画家的作品市场带来多大冲击，对画家本人精神造成何种损害，因为这两项基本都是不能量化的。如果从

---

① 邹波：《析当前知识产权审判中的难点问题——从当前知识产权审判中的新特点谈起》，郑州法院网，［2010 年 1 月 17 日］，http：//zzfy. chinacourt. org/public/detail. php？ id = 4853。

"假冒"获利的角度来确定赔偿金额，按照财务制度进行计算将是非常复杂的，一是在实务中几乎不可能取得"假冒"侵权人的完整、真实的财务记录；二是侵权人很可能并没有实际的获利，比如造假侵权刚开始就被发现。

当前，在著作权侵权纠纷案件审理中，关于侵权赔偿计算的《最高人民法院关于审理著作权民事纠纷案件适用法律若干问题的解释》第二十四条①、第二十五条②、第二十六条③作了相应的规定。1994 年的《国家版权局办公室对〈关于如何确定摄影等美术作品侵权赔偿额的请示〉答复的函》（权办字［1994］64 号）中认为，在确定侵犯著作权，包括摄影和美术作品著作权在内的赔偿数额时，通常可考虑以下几点：1. 司法机关已有明确规定的，可参照司法机关的规定执行。2. 以侵权行为给著作权人造成的实际损失或侵权人的全部非法所得作为赔偿依据。这里的实际损失应包括著作权人因调查、制止侵权行为而支出的合理费用。3. 按著作权人合理预期收入的 2—5 倍计算。如图书可按国家颁布的稿酬标准的 2—5 倍计算赔偿额。但是，不同类别的侵权赔偿应当采用什么样的标准，"冒名"造假是否也参照执行，实践中依旧是一个难点问题，况且各地法院在处理案件中所依据的标准也不一样。

对于损害赔偿的原则问题，学术界一直存在"补偿原则"与"惩罚赔偿原则"的争论。从法理上讲，补偿原则认为损害赔偿应仅针对权利人所受到的经济损失；惩罚性赔偿原则则强调对侵权行为的威慑与惩戒作用，同时也充分体现了对权利人权利的保护。笔者认为，对于美术作品侵权，

---

① 权利人的实际损失，可以根据权利人因侵权所造成复制品发行减少量或者侵权复制品销售量与权利人发行该复制品单位利润乘积计算。发行减少量难以确定的，按照侵权复制品市场销售量确定。

② 权利人的实际损失或者侵权人的违法所得无法确定的，人民法院根据当事人的请求或者依职权适用著作权法第四十八条第二款的规定确定赔偿数额。人民法院在确定赔偿数额时，应当考虑作品类型、合理使用费、侵权行为性质、后果等情节综合确定。当事人按照本条第一款的规定就赔偿数额达成协议的，应当准许。

③ 著作权法第四十八条第一款规定的制止侵权行为所支付的合理开支，包括权利人或者委托代理人对侵权行为进行调查、取证的合理费用。人民法院根据当事人的诉讼请求和具体案情，可以将符合国家有关部门规定的律师费用计算在赔偿范围内。

如果赔偿数额较低，不仅不足以补偿权利人为打击侵权所支出的费用，而且对侵权人也不能形成震慑，更谈不上对其他人的警戒作用，因此应当采用惩罚性赔偿原则确定损害赔偿额。《国家版权局办公室对〈关于如何确定摄影等美术作品侵权赔偿额的请示〉答复的函》规定以权利人合理预期收入或国家规定稿酬的 2—5 倍计算赔偿数额的规定，就体现了这种惩罚性赔偿原则。因此，在确定美术作品侵权赔偿数额时，法院应适当考虑惩罚性赔偿，以加大侵权者的侵权风险和成本，防止侵权人出现侥幸心理。

（三）细化知识产权民事保护与刑事保护的界限

美术作品作者权益刑事保护是法律保护中的最后一道防线，是知识产权法律保护中必不可少的必要保障。法院、公安和检察机关在美术作品侵权案件中应该协同配合，制定相关衔接制度，如法院在审理知识产权民事案件中，发现犯罪线索的及时移送公安部门等。

法院在民事诉讼中或者工商、文化执法机关如果发现被控侵权人销售数额较大或者情节严重，此时是否应当移送，流程如何设计，具体的标准是什么，都应当细化。

此外，尽管《刑法》第二百一十七条规定对此有明确规定，但是根据我国法律的"谁主张谁举证"原则，如果买家主张委托人与拍卖行恶意串通，就必须拿出相关证据。由于拍卖行、拍卖人有为委托人保密的义务，所以买家举证将面临极大的困难。检察机关的公诉就显得特别重要，因为一旦面临检察机关的公诉，拍卖行必须协助，拍卖企业如果还以替委托人保密拒绝作证，拍卖行将承担相应的法律责任。

结　论

美术作品作者的财产权益不仅事关美术作品作者的经济收入，也是美术家创作自由的保障。美术作品作者的财产权益保护应建立在促进作品原件和著作财产权交易的基础之上，通过法律制度界定权利，促进交易，完善权利救济，减少交易成本，实现作者、购买者、社会公众利益的均衡，从而使美术作品的作用最大化。美术作品作者财产权益保护不仅仅是一个法律问题，更是一个文化产业体制问题。解决美术作品作者财产权屡遭侵害的问题不仅要有立法、执法力度的加强，更需要有适应经济全球化挑战、适应由计划经济向市场经济社会转型的具体制度创新。

一、美术作品作者财产权益的特点

美术作品主要功用在于满足人类的视觉审美需要，复制品呈现的图像远逊于原作，所以，著作财产权只是作者利益的一小部分，而作品原件所有权转让带来的利益是其主体。美术作品的核心价值在于作品原件，对于美术作品作者财产权益的保护在重视著作财产权基础之上，更应该重视"假冒"美术作品对作者财产权益的侵害。美术作品作者的财产权益具有以下两个基本特点：

（一）实际生活中的美术作品，本已包含物质财产与知识财产两种属性，其分配、交易、使用都与这种二元属性有着不可分割的联系，因而对基于美术作品产生的财产权进行全面的整体性研究是破解美术作品占有、交易及使用中错综复杂矛盾的基础和前提。美术作品交易中的作者财产权益的内容既包括财产所有关系，又包括财产流转关系。美术作品交易的前提是出售方拥有美术作品的物权或知识产权中的财产权；而交易过程则是通过合同契约的方式进行交易，并不可避免地出现侵权（如冒名造假）等行为，故又必须由债权法来调整；而交易的结果则是物权和知识产权持有者的变化。

（二）美术作品的署名权兼具人身属性和财产属性。一方面，作品不同于产品，作品是精神产物，是作者思想感情的表达，反映了作者的人格，故美术作品和其作者之间存在着天然的联系。美术作品作者的署名权本质是身份权，只能通过创作作品而原始取得，不能通过转让而继受取得。另一方面，美术作品的署名却可以影响作品的价值，名家署名作品的市场价通常高于一般署名的作品。署名在美术作品中的一个重要作用就在于标明该作品出自谁手。特别是在品画如品人，人品如画品，崇尚"气韵"标准的中国，名家书画的商标含义就更加明显。笔者认为可以基于债权理论，把作者的署名权（在作品上使用姓名）看作一种许可：作者自己当然具有在自己作品上使用自己姓名的权利；"冒名"造假因没有得到作者许可而侵犯作者对署名权的使用权，产生侵权之债。

二、我国美术作品交易中的作者财产权益纠纷问题

从案例来看，美术作品作者财产权益纠纷主要集中在原件产权问题、侵犯美术作品著作财产权问题和"冒名"造假问题。美术作品作者财产权益保护应针对此三方面作出制度安排。

（一）美术作品原件产权纠纷问题

油画《毛主席去安源》反映了"计划经济向市场经济转型"过程中美术作品作者财产权的界定与保护问题。据笔者了解，很多美术馆、博物馆特别是学校等基层单位美术馆、博物馆收藏条件有限，有些名家画作自然皲裂或受到破坏，作者借故索要自己作品，加之管理制度混乱，很容易出现纠纷。另外，由于改革开放前美术创作的特殊制度，如"三结合"，也容易引起著作权纠纷。如何处理历史遗留的作者原件所有权及著作权问题是一个值得研究的问题。

壁画《赤壁之战》一案反映了《著作权法》对作品原件所有人利益

的偏倚，而对作者著作权则重视不够。美术作品特别是壁画被购买之后，由于时代审美的变化，有些会被所有者看作过时的废物，留着又占空间，于是干脆加以毁坏。这种事情在很多内行特别是美术作品作者看来简直是无知之极。

（二）美术作品著作财产权侵权问题

陈湘波诉娃哈哈酒店案是一个非常具有代表性的美术作品作者著作财产权综合侵权案，涉及作者的复制权、署名权、修改权和保护作品完整权等权利。此案反映了以下几个问题：一是美术作品著作财产权交易的需求；二是美术作品著作权诉讼的"成本"与"收益"不成正比；三是商家对知识产权的无知；四是法院对此类官司采用"息事宁人"的指导思想。

张时中诉云南熊谷生物工程开发有限公司案是一典型的三败俱伤的案例：第一，剪纸作者的作品著作权只有许可他人才有可能获得收益，实现财产权，而此案虽然保护了作者财产权不受侵害，但并没有实现财产权的最大化。第二，涉案公司认可了《孔雀舞》对其产品的适用性，况且一经投入市场就产生了顾客识别效用，在短时间内更换包装不利于销售，所以，此公司的利益也没有最大化。第三，从知识产权法理的"鼓励传播"的理论来看，"知识"并没有得到最大范围的传播，张时中的《孔雀舞》剪纸丧失了一次大范围传播的机会。

"三毛"漫画形象纠纷案是一起在我国影响较大的侵犯漫画作者著作财产权的案例。一个美术作品侵权案可以使江苏三毛集团（世界毛纺十强企业）更改名称和产品商标（改为海澜集团，即"海澜之家"上属集团）确实是较为罕见的。在"第11届全国美展"中，动漫作品被首次列入全国美术作品展，但因很多"动画"可能只是一个动画片段，很难归类到以"类似摄制电影的方法创作的"作品中来。那么，其中的一些可以单独运用的要素，比如一个场景、网游中的一个形象、一个QQ表情等，都可能成为侵权对象。"三毛"漫画形象侵权案是一个可以对我国动漫产业发展产生深远影响的判决案例。

"五羊雕塑"系列侵权案集中反映了美术作品著作权"合理使用"的问题。本案"五羊石像"雕塑作品的争议既包含历史因素，又属于公益作品，加之作品较高的知名度，在我国美术作品著作权案件判决中具有导向作用。

（三）美术作品"冒名"造假问题

经典的"吴冠中诉上海朵云轩、香港永成古玩拍卖有限公司"一案到目前为止是中国美术界和法律界讨论最多的个案，已被很多法学院作为教材内容教授。此案反映了我国在制止冒名造假中适用法律的思路，即以著作权的规制实现原件的交易安全。苏敏罗诉萧富元和北京翰海拍卖公司围绕吴冠中《池塘》（可能是冒名作品）展开，反映了对《拍卖法》第六十一条中"拍卖人在拍卖前声明不能保证拍卖标的瑕疵，不承担瑕疵担保责任"的争议。

范曾诉盛林虎一案是美术界最早的"打假"案例。盛林虎未经作者范曾同意临摹其绘画作品，并以营利为目的出售该复制品，苏州市中级法院、江苏省高级人民法院、最高人民法院三级法院都对此案发表了判决意见，此案反映了1990年《著作权法》颁布前美术家维权的过程，具有典型性。

珠海市博物馆出现的"国之瑰宝——黎雄才关山月作品展"假画风波凸显了在界定美术作品作者问题上的制度漏洞。"假画册"已成为美术作品造假售假链条上的重要一环，如同"洗钱"一般，把"黑的"逐渐洗成"白的"，而这背后却是画家与收藏者的巨大精神与物质损伤。

三、美术作品作者财产权益纠纷的原因

本文运用"制度的经济分析"工具进行美术作品作者财产权侵权纠纷的分析，发现美术作品作者财产权纠纷多发的原因在于美术作品作者财产权制度的无效率。发展和治理美术作品交易市场不止是文化部门的事情，也有工商、版权部门及公安、检察部门的责任。

（一）在财产权初始界定方面

由于我国没有著作权传统，直到1990年才通过了《著作权法》，而且很多革命或公益作品在创作时根本就没有签订书面合同，很多个人作品和"委托作品"、"职务作品"不严格区分，很难分清。有些革命、公益作品是在计划经济下创作的，很多人（包括一些博物馆）从而也把这些美术作品给"大公无私"了。油画《毛主席去安源》、《五羊雕塑》系列案件反映了市场法制环境下如何界定计划经济下"红色"、"公益"作品权利的问题。

现行法律并没有反映美术作品作者权利人身权与财产权的混合这一重要特点，美术作品作者的保护作品完整权、作品接触权及署名权的财产权属性没有得到有效界定，在《著作权法》及《著作权法实施条例》中都是含糊其辞，权利初始界定的含混必然导致权利边界不清。由于人们对高精度复制品及高清晰画面的不断追求，对作品原件的直接复制和拍摄成为必然需求，若作品所有者擅自毁坏作品或者分割、修改作品必然使得作者的复制权、摄制权等财产性权利受到影响，作者与收藏者权利纠纷就在所难免。

谋求利润是"制作、出售假冒他人署名的美术作品"行为之最重要目的。之所以冒着违法犯罪的风险从事此活动，就是因为他们认为从事此项活动所得到的效用比他合法经营赚取的效用要高。同样，国家之所以没有出台并执行相关法律法规来治理"制作、出售假冒他人署名的美术作品"的活动，也是因为制度运行需要成本，而这个成本高于治理"制作、出售假冒他人署名的美术作品"活动的收益。所以，要使因"制作、出售假冒他人署名的美术作品"被制裁造成的损失（即成本）加大，就必须加大相应的惩罚措施；而政府则需要减少惩治"制作、出售假冒他人署名的美术作品"行为的成本。但对于如何认定"制作、出售假冒他人署名的作品"，法律法规并未作出相应规定，没有具体认定措施，这就使得《著作权法》第四十八条第（八）项和《刑法》第二百一十七条第（四）项形同虚设。

（二）在美术作品交易方面

我国市场规制制度出现失灵，首先是市场发育不完善、欺诈等导致"市场失灵"；在交易双方订立合同中又出现"合约失灵"；由于计划向市场转型的影响，政府在治理和规制"市场失灵"时又出现了"政府失灵"；市场规制法和文化市场行政法出现"有法不可依"和"无法可依"的真空状态。种种失灵反映了我国美术作品交易的市场机构和市场规制制度的不健全，这是我国美术作品作者财产权益遭受长期侵犯的重要原因。

市场机制不是万能的，存在缺陷，在一定条件下，市场缺陷显露并造成严重后果，市场作用不再充分有效，就出现了"市场失灵"的问题。在中国由计划经济体制向市场经济体制转轨中也会出现"前市场经济病"，导致"市场失灵"。在美术作品交易市场中的"市场失灵"表现为：1. 美术作品交易主体结构不完善。主要是藏家欠缺、画廊业影响力较弱、著作权购买者数量有限、美术界著作权代理组织缺乏。2. 知识产权交易平台较为欠缺。3. 美术作品价格形成机制障碍。资本、官方力量对市场批评及学术发展影响过大，价格形成偏离经济规律。4. 美术作品交易产生负外部性，交易使第三方受到损失。5. 美术作品交易市场中欺诈现象严重。

为了避免美术作品交易市场出现的"市场失灵"导致更大的损失，政府有必要对其进行某种调节，但在此调节中又会引起"政府失灵"的问题。从我国社会的发展来看，政府对经济各方面的介入正由计划色彩浓厚的行政指令式的微观介入转向市场调节为主的法治式的宏观调控。转型无疑可以促进美术创作本体和交易的规范健康发展，但也在转型期间出现了一个宏观调控不到位，而行政力量已退出的"真空"。1. 市场监管方面，美术作品拍卖中的"炒作"现象突出，赝品层出不穷，并存在税法监管失灵的现象。2. 市场行政执法方面，在美术作品市场中，唯一的专门法律法规只有 1994 年颁布的《美术品经营管理办法》，虽然加入 WTO 后于 2004 年加以修订，但仍然显得十分简陋。文化行政执法存在种种需待完善之处。3. 市场引导方面，"诚信画廊"活动、艺术品博览会、美术作品评估委员会的鉴定评估在公正透明、效率、效益等方面有待提升。

由于市场的"不确定性"和"机会主义"使美术作品交易需要合同契约，但由于信息不对称，仅仅依靠卖家和买家之间的合约难以防止生产者坑害买家的机会主义行为，从而导致出现"合约失灵"现象。美术作品品类众多，专业性极强，对于购买者来说，没有长期的学习和收藏经验，可能只知"听人说"，而不懂"亲眼看"，而由于鉴定专家信用问题、让人眼花缭乱的"保真"条款以及美术家的"代笔"现象使得美术作品的购买者很容易成为受害者，从而使订立的合约失去其避免风险的作用，导致"合约失灵"。美术作品交易中的"合约失灵"，虽然不直接导致美术作品作者财产权益的侵害，但却直接影响其市场，导致其正当权益受损。

（三）在纠纷救济方面

实践证明，试图通过超高速制定法律来解决现实问题的社会调整方式遇到了较大挑战，很多法律法规制定后根本得不到实施，产生不了实效。国家制定法的有效性因此受到了极大的质疑，由此引发出了"法的有效性"的问题讨论。美术作品作者财产权益侵权救济方面的立法已基本系统化，但法律救济制度的运行机制仍有待于进一步完善。

由于救济制度成本较高，作者维权的高成本与侵权者侵权的低成本形成鲜明对比，"赢了官司输了钱"的现象突出。在当下的美术家侵权官司中出现了几个趋向：1. 侵权主体多为公司团体；2. 侵权证据难收集；3. 侵权后果难确定；4. 综合型的侵权责任。如果没有证据就不可能赢得诉讼，判决没有执行就等于纵容违反行为。其次，判决的目的和倾向在有关美术作品的官司中也显得尤为重要，因为直接相关的法律法规很少，法官的意见倾向很重要。在美术作品纠纷的判决中，法院普遍存在"息事宁人"的现象，被侵权人获得赔偿只能勉强抵消起诉费用，但侵权作品的使用费用和对侵权者的惩罚却体现不出来。

依照我国法律的规定，对于侵犯知识产权案件的惩处根据不同的社会危害性，分别给予行政处罚或司法处罚。根据我国《刑法》规定，"制作、出售假冒他人署名的美术作品"违法所得数额在三万元以上或非法经营数额在五万元以上的，属于"违法所得数额较大"或"有其他严重情节"，应处三年以下有期徒刑或者拘役，并处或者单处罚金。按《刑事诉讼法》及相关规定，对美术作品造假行为公安和检察机关负有立案侦查的义务，严重危害社会秩序和国家利益的美术作品造假行为应该由检察机关提起公诉，但公安和检察机关对美术作品犯罪存在"不作为"的倾向。公安和检察机关介入美术作品造假案件面临的一个难点就是涉案美术作品的鉴定与评估。若美术作品为假冒，必须有司法鉴定的结果；若提起公诉或立案侦查必须有涉案作品的估价。由于缺少具有可操作的证据规格认定标准，在司法实践中对美术作品相关犯罪的认定上，公、检、法部门存在较多歧义，形不成合力，很难提起公诉。

在美术作品纠纷案件中，争议最多、最为头痛的就是庭审中美术作品的司法鉴定问题。法院审判中对于作品鉴定问题一直处于低效率状态，当前美术作品鉴定既没有标准，也没有一个法定权威鉴定机构，目前只有靠研究专家、画家家属、画家本人鉴定。对于如何认定一幅作品是否属于"假冒他人署名的作品"，以及认定一行为是否属于"制作、出售假冒他人署名的作品的"行为存在争议，始终没有形成法律规范，这也是在艺术市场中假画泛滥的重要原因。此外，法院还在审判中对于《拍卖法》等法律的适用出现"合法不合理"的困境。

四、加强美术作品作者财产权益保护的对策

美术作品作者财产权益保护问题不仅仅是一个法律问题，更是一个文化产业体制问题。解决美术作品作者财产权屡遭侵害的问题不仅要有立法、执法力度的加强，更需要有适应经济全球化挑战、适应由计划经济向市场经济社会转型的具体制度创新。

（一）在立法中界定清晰美术作品作者的各项财产权利，从源头减少纠纷。细化保护作品完整权、修改权，避免作品原件不必要的毁坏，在《著作权法》中应就保护作品完整权、修改权增加对美术作品原件的相应规定。著作权法第十条第（四）项应改为："保护作品完整权，即保护作品不受歪曲、篡改和保护美术作品原件不受毁坏的权利。"增加接触权，使美术作品作者可以行使原件的复制权、摄制权。应对《著作权法》第十

八条加以修改，应改为"美术等作品原件所有权的转移，不视为作品著作权的转移，但美术作品原件的展览权由原件所有人享有"。冒名与一般侵害姓名权相比，不仅损害被冒名者的合法权益，而且误导消费者，使其无法正确地选择商品，更是直接地威胁和破坏公平竞争的市场秩序。美术作品署名与商标相似，具有来源表示功能和品质保证功能，可影响价格。应修改我国《反不正当竞争法》，将美术作品冒名列入"不正当竞争"的行为之中；或最高人民法院出台相关解释，把冒名问题列入"不正当竞争"的行为，从而制止日益猖獗的美术作品"冒名"造假，切实维护被冒名者、投资者及收藏者的合法权益，保障公平竞争。

（二）根据"经济法"形成非政府组织与政府干预互动的生动局面。采用"版权局监管＋美术馆实际管理"的方式，建立美术作品著作权集体管理组织体系。对美术作品交易市场的调控，不仅仅是政府的事情，更应该发挥非政府行业协会对市场的调控作用。画廊行业协会有利于美术作品交易从传统的"市场"或"国家"单极治理模式转向"市场调节——协会治理——国家干预"的三元模式，从而降低资源配置的政府成本，优化国家治理经济的手段。成立非政府画廊行业协会应该走"体制内外结合型"的道路，"政府推动＋行业自主"可以使我国画廊行业协会组织在建立公平竞争环境、维护美术作品作者财产权益和促进文化产业发展中发挥更大的作用。画廊行业协会应在引导建立"经纪"代理制、建设画廊艺术品档案、美术作品鉴定评估、举办艺术博览会、推广中国艺术中发挥主体作用。国家在对美术作品交易征税过程中，一方面要查明画廊、拍卖行交易情况，正确计算并征收税款；另一方面又可监控美术作品的流向，为美术作品"打假"提供原始资料。对于购买者来讲，原始购买发票既是作品正当来源的说明，具有"保真"的说服作用；又是在发现问题时，要求解除合同或追求画廊、拍卖行责任的证据。为了鼓励减少私下交易，更好理清美术作品的来历，维护美术作品交易市场的秩序，有必要鼓励拍卖中送拍方提供前手交易的正式票据。可以考虑把合法有效凭证的纳税人的税率再降低一些。这样既可以监控拍卖中美术作品的流向，也有利于促进商店、画廊等正式交易的规范化。

（三）形成非诉讼调解、仲裁和法院审判多元化纠纷解决机制，多依靠行业和专业组织，从而减少法院诉讼，减少作者维权成本，增强及时、有效处理纠纷的能力。艺术品因其专业属性较强且交易量较大，纠纷不断，为方便当事人专业、有效地解决此类纠纷，促进艺术品市场的规范、快速发展，有必要设立专门的艺术品仲裁委员会。在有关美术作品作者财产权益保护中，文化部门、工商部门、版权部门容易形成多头执法的现象，缺少一个明确的分工、合作，反而容易造成推诿现象。根据国家"大部制"改革的原则，应该合理整合三部门在艺术品市场监管、执法及处罚中的功能，组建文化部门领导的艺术品综合执法部门是较为可行的方法。设立专业美术作品司法鉴定中心解决美术作品鉴定与司法鉴定的衔接问题。在确定美术作品侵权赔偿数额时，法院应适当考虑惩罚性赔偿，以加大侵权者的侵权风险和成本，防止侵权人出现侥幸心理。细化知识产权民事保护与刑事保护的界限，明确规定公安和检察机关介入美术作品侵权案件的标准，使《刑法》第二百一十七条规定真正发挥其作用。

总之，美术作品财产权益保护不单纯是一个立法就能解决的问题，也不是单靠《著作权法》就能规范的问题，更不是靠"严打"就能完成的事情，必须从总体性制度创新的角度来整体协调推进，不应停留在"头痛医头、脚痛医脚"的微观技术层面，更应从宏观体制层面加以探索。解决美术作品作者财产权屡遭侵害的问题，不仅要有义愤填膺的慷慨陈词，更需要有适应经济全球化挑战、适应由计划经济向市场经济社会转型的具体制度的创新。

参考文献

专著

漆多俊：《经济法基础理论》，北京，法律出版社 2008 年版。

李昌麒：《经济法学》，北京，法律出版社 2007 年版。

张彦远：《历代名画记》，北京，人民美术出版社 2005 年版。

周林、李明山：《中国版权史研究文献》，北京，中国方正出版社 1999 年版。

［英］约翰·霍金斯著，洪庆福、孙微微、刘茂玲译：《创意经济——如何点石成金》，上海，上海三联书店 2005 年版。

周林：《美术家著作权保护》，北京，北京工业大学出版社 1992 年版。

［美］伦纳德·D. 杜博夫著，周林、任允正、高宏微译：《艺术法概要》，北京，中国社会科学出版社 1995 年版。

周林：《艺术法实用手册》，北京，国际文化出版公司 1998 年版。

潘运告：《张怀瓘书论》，长沙，湖南美术出版社 1997 年版。

宋震：《艺术法基础》，北京，文化艺术出版社 2008 年版。

郑成思：《版权法》，北京，中国人民大学出版社 1997 年版。

刘春田：《知识产权法教程》，北京，中国人民大学出版社 1995 年版。

王利明：《民法》，北京，中国人民大学出版社 2007 年版。

管育英：《知识产权视野中的民间文艺保护》，北京，法律出版社 2006 年版。

［美］达里尔·A. 波塞、格雷厄姆·杜特费尔德著，许建初等译：《超越知识产权》，昆明，云南科技出版社 2003 年版。

［美］威廉·M. 兰德斯、理查德·A. 波斯纳著，金海军译：《知识产权法的经济结构》，北京，北京大学出版社 2005 年版。

［美］理查德·A. 波斯纳著，蒋兆康译：《法律的经济分析》，北京，中国大百

科全书出版社 1997 年版。

〔美〕罗伯特·D. 考特、托马斯·S. 尤伦著，张军等译：《法和经济学》，上海，上海三联书店、上海人民出版社 1994 年版。

〔美〕诺斯著，刘守英译：《制度、制度变迁与经济绩效》，上海，上海三联书店 1994 年版。

〔美〕小罗伯特·E. 卢卡斯著，罗汉、应洪基译：《为何资本不从富国流向穷国》，南京，江苏人民出版社 2005 年版。

〔秘〕赫尔南多·德·索托著，王晓东译：《资本的秘密》，南京，江苏人民出版社 2005 年版。

钱弘道：《经济分析法学》，北京，法律出版社 2005 年版。

〔美〕科斯、诺斯等：《财产权利与制度变迁——产权学派与新制度学派译文集》，上海，三联书店、上海人民出版社 1994 年版。

黄少安：《产权经济学导论》，北京，经济科学出版社 2004 年版。

卢现祥：《新制度经济学》，武汉，武汉大学出版社 2004 年版。

林木：《明清文人画新潮》，上海，上海人民美术出版社 1991 年版。

〔澳〕大卫·索罗斯比著，张维伦等译：《文化经济学》，台北，典藏艺术家庭股份有限公司 2003 年版。

〔美〕斯蒂格利茨、沃尔什著，黄险峰、张帆译：《经济学》，北京，中国人民大学出版社 2005 年版。

〔德〕M. 雷炳德著，张恩民译：《著作权法》，北京，法律出版社 2004 年版。

沈中元：《艺术与法律》，台北，五南图书出版有限公司 2009 年版。

冯玉军：《法经济学范式》，北京，清华大学出版社 2009 年版。

郑鑫尧等：《拍卖实用手册：法律与规则》，上海，上海财经大学出版社 2004 年版。

马原：《著作权法分解适用集成》，北京，人民法院出版社 2003 年版。

王利明：《人格权法研究》，北京，中国人民大学出版社 2005 年版。

〔美〕诺斯著，陈郁等译：《经济史中的结构与变迁》，上海，上海人民出版社 1997 年版。

王泽鉴：《侵权行为法》（第一册），北京，中国政法大学出版社 2001 年版。

〔美〕埃里克·弗鲁博顿、〔德〕鲁道夫·芮切特著，姜建强、罗长远译：《新制度经济学——一个交易费用分析范式》，上海，上海三联书店、上海人民出版社

2006 年版。

邹至庄著，曹祖平等译：《中国经济转型》，北京，中国人民大学出版社 2005 年版。

侯聿瑶：《法国文化产业》，北京，外语教学与研究出版社 2007 年版。

孙有中等：《美国文化产业》，北京，外语教学与研究出版社 2007 年版。

萨义德著，李琨译：《文化与帝国主义》，北京，生活·读书·新知三联书店 2003 年版。

李响：《美国版权法：原则、案例及材料》，北京，中国政法大学出版社 2004 年版。

夏学理、刘美枝、沈中元等著：《文化机构与艺术组织》，台北，五南出版社 2005 年版。

夏学理、郑美华、陈曼玲等著：《艺术管理》，台北，五南出版社 2005 年版。

［美］杰弗里 J、余丁：《向艺术致敬——中美视觉艺术管理》，北京，知识产权出版社 2008 年版。

苏力：《法治及其本土资源》，北京，中国政法大学出版社 1996 年版。

［美］詹姆斯、查理斯著，詹正茂译：《艺术文化经济学》，北京，中国人民大学出版社 2007 年版。

［美］柯特勒、凯特著，杨清豪译：《营销管理》，上海，上海人民出版社 2006 年版。

杨孔鑫：《英国文化行政》，台北，行政院文化建设委员会 1990 年版。

邹明智：《法国文化行政》，台北，行政院文化建设委员会 1990 年版。

李明德、许超：《著作权法》，北京，法律出版社 2003 年版。

金勇军：《知识产权法原理》，北京，中国政法大学出版社 2002 年版。

翟墨：《圆了彩虹——吴冠中传》，北京，人民文学出版社 1997 年版。

吕国强：《吴冠中诉上海朵云轩、香港永成古玩拍卖有限公司侵犯著作权案》。参阅《知识产权案例精选》，北京，法律出版社 1999 年版，第 125 页。

《中国共产党第十七次全国代表大会文件汇编》，北京，人民出版社 2007 年版。

沈仁干：《著作权实用大全》，南宁，广西人民出版社 1996 年版。

John Henry Merryman, Stephen K. Urice, Albert E. Elsen, *"Law, Ethics, and the Visual Arts"*, New York, Kluwer Law International, 2007.

Ralph E. Lerner, Judith Bresler, *"Art Law: The Guide for Collectors, Investors,*

Dealers, *and Artists*", New York: Practising Law Institute, 2005.

Franklin Feldman, Stephen E. Weil, and Susan Duke Biederman, "*Art Law*: *rights and liabilities of creators and collectors*", Boston: Little, Brown and Company, 1986.

Stephen M. Mcjohn, "Intellectual Property: Examples and Explanations", *New York*: *Aspen Publish*, *Inc*, 2006.

Leonard D. Duboff, "Art Law in Nutshell: 3rd ed", *West Pub. Co.*, 2000.

Costas Douzinas, *Lynda Nead*, "Law and The Image: The Authority of Art and The Aesthetics of Law", *Chicago*: *University of Chicago press*, 1999.

Tad Crawford, "Legal Guide for the Visual Artist", *Allworth Press*, 1999.

期刊论文类

郑成思：《美术作品版权的特殊问题》，《美术》1991 年第 3 期。

郭寿康：《谈美术作品追续权》，《美术》1991 年第 3 期。

郭玉军、陈云：《美术作品概念、成立要件及其范围的法律探讨》，《湖北美术学院学报》2000 年第 2 期。

王列生：《论内在焦虑中的中国文化制度创新》，《文艺研究》2009 年第 11 期。

张乃根：《论 WTO 与我国的法律保障机制》，《复旦学报》（社会科学版）1999 年第 5 期。

唐昭红：《论美术作品著作权对美术作品原件所有权的限制》，《法商研究》2003 年第 4 期。

唐昭红：《美术作品著作权保护的比较研究》，《武汉科技大学学报》（社会科学版）2004 年第 3 期。

郭玉军、向在胜：《论美术、摄影作品著作权和肖像权的冲突与协调》，《湖北美术学院学报》2003 年第 2 期。

刘国林：《试论临摹美术作品的版权保护》，《政治与法律》1990 年第 6 期。

郑裕国、李小伟：《临摹美术作品是否侵犯版权》，《法学》1991 年第 6 期。

屈学军：《对一起临摹作品署名权纠纷案的评析》，《人民司法》1996 年第 1 期。

郭禾：《〈临摹品署名权纠纷评析〉的评析》，《电子知识产权》1996 年第 1 期。

郑成思：《"临摹"与"复制"是否应等同?》，《电子知识产权》1996 年第 12 期。

焦广田：《苏联著作权集体管理组织》，《出版工作》1990 年第 4 期。

甘勇、郭玉军：《论美术作品著作权之侵害的例外情形——从壁画〈赤壁之战〉被毁一案谈起》，《国家检察官学院学报》2004 年第 4 期。

周林：《版权集体管理及其立法研究》，《中国社会科学院研究生院》2002 年。

任苊：《美术作品著作权与原件所有权刍议》，《科技与法律》1993 年第 4 期。

王洪波：《吴冠中谈假画风波》，《中国文化报》（文化周末版）1993 年 11 月 19 日。

郭玉军、向在胜：《论美术作品著作权与原件所有权》，《湖北美术学院学报》2001 年第 3 期。

郭玉军、陈云：《〈威尼斯收租院〉与表演者权》，《湖北美术学院学报》1999 年第 1 期。

黄式国、黄爱国：《〈毛主席去安源〉的幕后风波与历史真实》，《南方周末》2006 年 4 月 20 日。

连云丽：《油画〈毛主席去安源〉案将开庭审理》，《工人日报》2000 年 1 月 3 日。

崔丽：《油画〈毛主席去安源〉作者仍是谜团》，《中国青年报》1999 年 12 月 16 日。

张靖：《中国革命博物馆为何讨不回〈毛主席去安源〉》，《北京日报》2002 年 4 月 10 日。

胡喜盈：《〈毛主席去安源〉四场官司定归属》，《新疆法制报》2002 年 12 月 30 日。

杨杨：《〈去〉画的权利归位——〈毛主席去安源〉油画纠纷案始末》，《中国知识产权报》2001 年 11 月 1 日。

卢新华：《吴冠中诉讼案情况综述》，《美术》1994 年第 9 期。

吕国强：《"毛泽东肖像"画案若干法律问题探讨》，《中国法学》1996 年第 6 期。

晨冰：《〈炮打司令部〉打出官司》，《南方周末》1994 年 4 月 22 日。

李扬：《假冒他人姓名发表作品的侵权性问题——侵犯姓名权还是侵犯署名权》，《河南省政法管理干部学院学报》1999 年第 5 期。

郭玉军、陈云：《美术作品拍卖中的若干法律问题探讨》，《湖北美术学院学报》1999 年第 1 期。

郭玉军、陈云：《制售美术赝品的法律责任》，《湖北美术学院学报》1999 年第 3 期。

孙振华：《湘波打官司》，《深圳商报》2007 年 7 月 30 日。

梁瑛：《官司赢了，他却高兴不起来》，《深圳商报》2008 年 1 月 4 日。

郭玉军、李洁：《浅谈艺术鉴定家之责任》，《湖北美术学院学报》2004 年第 4 期。

陈振濂：《"美术"语源考——"美术"译语引进史研究》，《美术研究》2003 年第 4 期。

陈振濂：《"美术"语源考——"美术"译语引进史研究（续）》，《美术研究》2004 年第 1 期。

郑成思：《临摹、独创性与版权保护》，《法学研究》1996 年第 3 期。

李明发、宋世俊：《著作人身权转让质疑》，《安徽大学学报》（哲学社会科学版）2003 年第 5 期。

王利明：《惩罚性赔偿研究》，《中国社会科学》2000 年第 4 期。

R. Matthews，"The Economics of Institutions and the Sources of Growth"，*Economic Journal*，1996（12）：903 – 910。

网络

中华人民共和国文化部，*http：//www. ccnt. gov. cn*。

中华人民共和国国家版权局，*http：//www. ncac. gov. cn*。

中华人民共和国国家知识产权局，*http：//www. sipo. gov. cn*。

澳大利亚国家艺术法研究中心，*http：//www. artslaw. com. au*。

美国瓦希巴大学艺术法资料库，*http：//www. washlaw. edu/subject/art. html*。

艺术法中心，*http：//www. artlaws. com/*。

北京法院网，*http：//bjgy. chinacourt. org*。

广州艺博会官方网站，*http：//www. gzartfair. com*。

美国艺术经纪人协会，*http：//www. artdealers. org/about. html*。

雅昌艺术网，*http：//www. artron. net*。

德国当代画廊协会，*http：//www. bvdg. de*。

台湾画廊协会，*http：//www. aga. org. tw*。

致谢

　　十八岁离家求学，至今整十年，非常荣幸能在这十年寒窗中得到诸位恩师的教导与眷顾。在博士阶段，更有幸得到导师王文章先生的亲自教诲！弟子事师，应敬同于父！每当念及诸位恩师，母亲每次离家前的深情嘱咐总在耳畔响起："师父！师父！老师就是父亲，老师绝对不会误导学生，一定要听老师的话！"很朴素的山东话，却深刻地印在我的心里！博士三年，非常感谢艺研院每位老师的帮助，特别是王列生先生的点拨，受益匪浅！衷心感谢高福安、齐勇锋、周和平、路海波、顾欣和贾磊磊老师在写作中提出的宝贵意见！衷心感谢硕士导师谭天老师多年以来的关心与教导！感谢陈湘波、林若熹、胡震、马新林、周林、黄东黎等老师的帮助！感谢出版社金燕老师的前期帮助，感谢程晓红老师无微不至的指导和协调！感谢舍友胡斌及2007级博士兄弟姐妹的照顾，感谢同门邱慧君、黄忆南、林志远、景小勇、陈义丰、武洪滨、陈文璟、张正贵、济洪娜、宋卿和、傅雨、马越鸥、赵凌艺等诸位师兄弟姐妹的帮助！

　　最后，衷心感谢中国传媒大学为我提供的自由学术环境，感谢范周教授三年如一日的手把手教导！衷心感谢父母、岳父岳母的精神和物质支撑，感谢妻子张莹莹博士在自己繁重学业之外的全方位支持，没有他们就不会有现在的我，感谢家人为我做的一切！

中国传媒大学文化发展研究院助理研究员　赵书波

图书在版编目（CIP）数据

美术作品作者财产权益保护研究/赵书波著．—北京：
文化艺术出版社，2011.4
ISBN 978 - 7 - 5039 - 4952 - 4

Ⅰ.①美… Ⅱ.①赵… Ⅲ.①美术—艺术品—财产—
所有权—研究—中国 Ⅳ.①D923.24

中国版本图书馆 CIP 数据核字（2011）第 041395 号

美术作品作者财产权益保护研究

著　　者　赵书波
责任编辑　程晓红
封面设计　倩　倩　雪　媛
出版发行　文化艺术出版社
地　　址　北京市东城区东四八条 52 号　　100700
网　　址　www.whyscbs.com
电子信箱　whysbooks@263.net
电　　话　（010）84057666（总编室）　　84057667（办公室）
　　　　　（010）84057691—84057699（发行部）
传　　真　（010）84057660（总编室）　　84057670（办公室）
　　　　　（010）84057690（发行部）
经　　销　新华书店
印　　刷　国英印务有限公司
版　　次　2013 年 10 月第 1 版
　　　　　2013 年 10 月第 1 次印刷
开　　本　700 毫米×1000 毫米　1/16
印　　张　13
字　　数　185 千字
书　　号　ISBN 978 - 7 - 5039 - 4952 - 4
定　　价　26.00 元